成就霸业——管仲

◎◎ 主编 金开诚

◎◎ 编著 马艳秋

吉林文史出版社

吉林出版集团有限责任公司

图书在版编目（CIP）数据

成就霸业——管仲 / 马艳秋编著．—长春：吉林
出版集团有限责任公司：吉林文史出版社，2010.11（2022.1重印）
ISBN 978-7-5463-4123-1

Ⅰ．①成… Ⅱ．①马… Ⅲ．①管仲（？～前645）–传
记–通俗读物 Ⅳ．① B226.1-49

中国版本图书馆 CIP 数据核字（2010）第 222272 号

成就霸业––管仲

CHENGJIU BAYE GUANCHONG

主编/ 金开诚 编著/马艳秋

项目负责/崔博华 责任编辑/崔博华 邱 荷

责任校对/邱 荷 装帧设计/柳甬泽 张红霞

出版发行/吉林文史出版社 吉林出版集团有限责任公司

地址/长春市人民大街4646号 邮编/130021

电话/0431-86037503 传真/0431-86037589

印刷/三河市金兆印刷装订有限公司

版次/2010 年 11 月第 1 版 2022 年 1 月第 5 次印刷

开本/650mm×960mm 1/16

印张/9 字数/30千

书号/ ISBN 978-7-5463-4123-1

定价/34.80元

前　言

　　文化是一种社会现象，是人类物质文明和精神文明有机融合的产物；同时又是一种历史现象，是社会的历史沉积。当今世界，随着经济全球化进程的加快，人们也越来越重视本民族的文化。我们只有加强对本民族文化的继承和创新，才能更好地弘扬民族精神，增强民族凝聚力。历史经验告诉我们，任何一个民族要想屹立于世界民族之林，必须具有自尊、自信、自强的民族意识。文化是维系一个民族生存和发展的强大动力。一个民族的存在依赖文化，文化的解体就是一个民族的消亡。

　　随着我国综合国力的日益强大，广大民众对重塑民族自尊心和自豪感的愿望日益迫切。作为民族大家庭中的一员，将源远流长、博大精深的中国文化继承并传播给广大群众，特别是青年一代，是我们出版人义不容辞的责任。

　　本套丛书是由吉林文史出版社和吉林出版集团有限责任公司组织国内知名专家学者编写的一套旨在传播中华五千年优秀传统文化，提高全民文化修养的大型知识读本。该书在深入挖掘和整理中华优秀传统文化成果的同时，结合社会发展，注入了时代精神。书中优美生动的文字、简明通俗的语言、图文并茂的形式，把中国文化中的物态文化、制度文化、行为文化、精神文化等知识要点全面展示给读者。点点滴滴的文化知识仿佛颗颗繁星，组成了灿烂辉煌的中国文化的天穹。

　　希望本书能为弘扬中华五千年优秀传统文化、增强各民族团结、构建社会主义和谐社会尽一份绵薄之力，也坚信我们的中华民族一定能够早日实现伟大复兴！

目录

一、管仲的青年时代

（一）管鲍之交知音情

管仲的祖先是周的同姓管国后裔，父亲管庄是齐国的大夫，后来家道中衰，到管仲时已经很贫困了。管仲的青年时代，是属于士的阶层。春秋时的士，社会地位较低，只要有一定的文武本领都可以当士。士在和平时期，帮助贵族做些杂事；战争时期充当军队的先锋。管仲从小就通《诗》《书》，懂礼仪，又会

驾车射箭等技艺。

管仲年轻时，为了谋生，做过当时认为是微贱的商人。作为商人，他走南闯北，到过很多地方，广泛接触过各式各样的人，这种经历增强了他对社会的了解，对当时的政治形势和社会弊病有深刻的认识。他并不满足于养家糊口的平庸生活，当看到周王室的衰落，政治的混乱，社会的动荡，国家的贫弱，人民的困苦时，就立志做一番事业，立不朽的功名，并积极寻找机会实现自己的抱负。他曾经说过："我曾多次投奔到贵族门下，想为国效力，却都被那些高高在上的人赶了出来。"但是他并没有因此而丧失信心，始终坚信自己的才华终有用武之地。

管仲的好朋友鲍叔牙也和他一样有着远大的志向，他给了管仲很多帮助，不仅在物质方面更重要的是在精神层面。他们相互看重，彼此珍惜。两人一起经商，赚了钱以后，每次管仲都要多分给自己，少分给鲍叔牙。久而久之，旁观者都看不过去了，为鲍叔牙打抱不平，背地里议论管仲贪财，不讲友谊。鲍叔牙知道后就替管仲解释，说多分给他钱是我情愿的，管仲不是不讲友谊、贪图金钱，他这样做是因为他家贫困，需要钱用，应当多分一点给他，有能力帮助朋友度过困难，这是每个有良心的人都应当做的。听了这些话，那些原来有意见的人都口服心服，再也不说什么了。

管仲和鲍叔牙曾一起当过兵，打过仗。每次作战，鲍叔牙都冲在前面，而管仲却躲在后面；当退兵的时候，管仲又总往前跑。于是，人们都议论纷纷，说管仲贪生怕死，是个胆小鬼。鲍叔牙听了这些讥笑后，深知这不符合管仲的实际情况，就向人们解释说："谁说管仲贪生怕死? 他的母亲年老多

病，全靠他一个人供养，他还要留下来奉养老母，所以他不得不那样做。实话说吧，像他那样勇敢的人天下少有，你们哪里比得上他？"管仲听了这些话，很受感动，想为鲍叔牙做些事，有时他替鲍叔牙出主意，但事情却总办不好，反而给鲍叔牙造成了许多新困难。因此人们都认为管仲没有办事本领，鲍叔牙却不这样看，他心里明白，自己的朋友管仲是一个很有本领的人，事情之所以没有办成，只是由于机会没有成熟罢了。管仲多次向贵族求官，多次不被重用，鲍叔牙也不因此而小看他，只认为是那些贵族不识贤能。就这样始终信任他的为人，支持他为实现理想而奋斗。在长期的交往中，两人结下了深厚的友谊，管仲多次对人讲过："唉，生我的是父母，了解我的，只有鲍叔牙！"他十分感激鲍叔牙，因为鲍叔牙了解管仲看重大义、不拘小节、坚韧不屈的个性，两人也因此结成了患难与共的挚友。

公元前 674 年，齐僖公驾崩，留下三个儿子，太子诸儿、公子纠和小白。齐僖公在世时，任命管仲和召忽为公子纠的"傅"，即老师。后来齐僖公又让鲍叔牙为小白之"傅"，负责教导小白。但鲍叔牙认为辅佐小白不会有什么前途，便拒绝了，还假装生病不出门。

管仲邀召忽一同去看望鲍叔牙，问道："为什么不出来做事呢？"鲍叔牙推心置腹地说："先人说过，没有比父亲更了解儿子的了，没有比君主更了解臣下的了。现在国君知道我不能干，所以派我做小白的老师，我不想干了。"

召忽同情地说："你如果坚决不干，就不要出来，我暂时向国君说你快死了，就一定能把你免掉。"鲍叔牙感激地说："有你这样做，就没有做不到的了。"

管仲不同意鲍叔牙的看法，他说："不行。主持国家大事的人，不应该推辞工作，

管 仲

也不应该贪求空闲。将来真正掌握政权的，还不知道是谁呢！你还是出来干吧！"

召忽也对小白没有信心，他不同意管仲的意见，说："不行。我们三人对齐国来说，好比鼎的三足，去掉一足就立不起来。我看小白必定不会继承君位。"

管仲见鲍叔牙、召忽对小白都没有信心，他分析说："我看不对。人们由于厌恶公子纠的母亲，必然会连累到公子纠本人，反而同情小白没有母亲。公子诸儿虽然年长，但品质卑劣，前途如何还不一定。看来将来能安定齐国的，除了公子纠与小白两人外，恐怕不会再有别人。公子小白不但不会耍小聪明，而且性情急躁，但是能把握大方向。不是我管仲，就不会理解、容忍公子小白。如果不幸有一天上天降祸加灾于齐国，公子纠就算能立为君主，也不会成就什么大事。那时不靠你鲍叔牙来安定国家，还能靠谁呢？"

召忽是个耿直的人，他对齐僖公之后的政局非常担心，于是忧心忡忡地说："国君百年之后，如果有违君命而废掉我所拥立的公子纠，夺去公子纠的君位，就算他得了天下，我也不愿辅佐他。参与齐国的政事，接受君主的命令而不折不扣地执行，一心一意帮助我所拥立的公子，保证他不被废除，这就是我义所当为的事情。"

管仲是个注重大局而不拘小节的智者，当然不会赞同召忽这种愚忠思想。他说："作为人君的臣子，是受国君之命为国家主持宗庙的，岂能为公子纠而牺牲自

己？我只有在国家破、宗庙灭、祭祀绝的情况下才会去死。除了这三种情况，我就要活着。"停了停，管仲又非常自信地补充说："只要我管夷吾活着，就会对齐国有利；如果我管夷吾死了，就会对齐国不利。"

鲍叔牙听二人把话题扯开了，忙插话进来问道："那么我到底该怎么办？"管仲回答说："你接受委任就是了。"鲍叔牙听从了管仲的意见，马上就出来接受命令，担任公子小白的老师，尽心竭力侍奉小白。管仲、召忽、鲍叔牙三人还相互约定，无论将来是公子纠还是公子小白做君主，他们三人都要相互引荐。

鲍叔牙担任了公子小白的老师后，心里没底，又找管仲商量，问他："我该怎样做工作呢？"管仲回答说："作为人臣，如果对君主不尽心竭力，君主就不会亲信。君主不亲信，说话就没有分量。说话没分量，那国家就不安宁。总而言

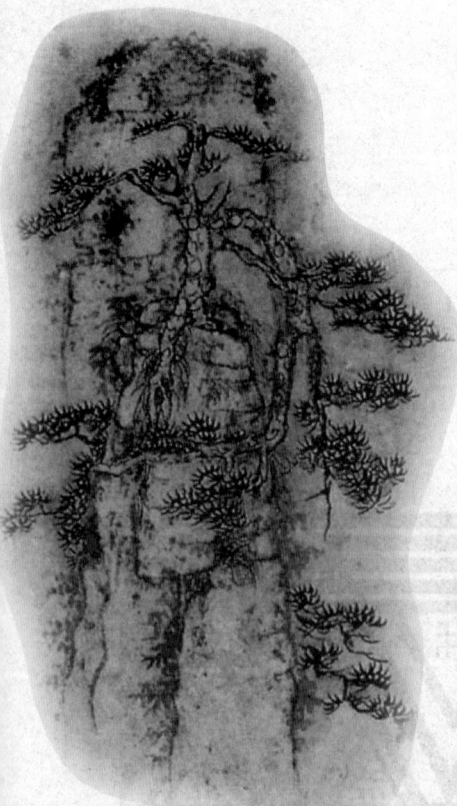

之，侍奉君主，不可存有二心。"鲍叔牙表示非常赞同。

齐僖公死后，太子诸儿即位，他就是齐襄公。太子诸儿虽然居长即位，但品质卑劣，荒淫暴虐无道，对外不断发动战争，侵占别的诸侯国；对内又残酷压榨老百姓，弄得民怨沸腾，民不聊生，致使国中老臣深为齐国前途忧虑。不久，齐襄公与其妹即鲁桓公的夫人文姜秘谋私通，醉杀了鲁桓公，具有政治远见的管仲和鲍叔牙都有察觉，预感齐国将会发生大乱，齐襄公的弟弟怕祸及其身，皆打算去国离乡，所以他们都替自己的主子想方设法找出路。公子小白在师父鲍叔牙的开导下，去劝说齐襄公，结果被齐襄公大骂了一顿，一脚踢了出去。兄弟俩见在国内实在待不下去，便先后离开了齐国。公子小白的母亲是卫君的女儿，

卫国离齐国太远，所以鲍叔牙就同公子小白跑到齐国的南邻莒国即小白的姥姥家去躲避；不久，管仲和召忽带公子纠逃到纠的姥姥家鲁国，公子纠的母亲是鲁国国君的女儿。公子纠和公子小白去的地方虽然一南一西，打算却都是一个，就是静观事态的发展，伺机而动。

（二）智脱险境拜齐相

齐襄公十二年（公元前 686 年），齐国内乱终于爆发。当年齐僖公在位时，特别宠爱公孙无知，衣服、礼数和世子享有一样待遇。齐襄公登基后，废除了他原来享有的特殊权力，公孙无知心怀恼怒，于是勾结大夫闯入宫中，杀死齐襄公，自立为国君。公孙无知在位仅一年有余，齐国贵族又杀死了公孙无知，一时齐国无君，一片混乱。两个逃亡在外的公子，一见时机成熟，都急着设法回国，以便夺取国君的宝座。齐国在公孙无知死后，商议拥立新君的各派势力中，正卿高溪势力最大，他和公子小白自幼相好，高溪又同另一个大夫国氏联合，暗中派人急去莒国请公子小白回国继位。公子小白接信后却沉吟不决。鲍叔牙催促他说："还不赶快回去吗？"小白摇摇头说："不行。管仲智谋过人，召忽武艺超群，有他们在，尽管国人召我回去，恐怕还是回不去的。"鲍叔牙说："如果管仲的智谋能发挥出来，齐国为什么还会乱？召忽虽然武艺超群，岂能单独对付我们？"小白还是很担心，

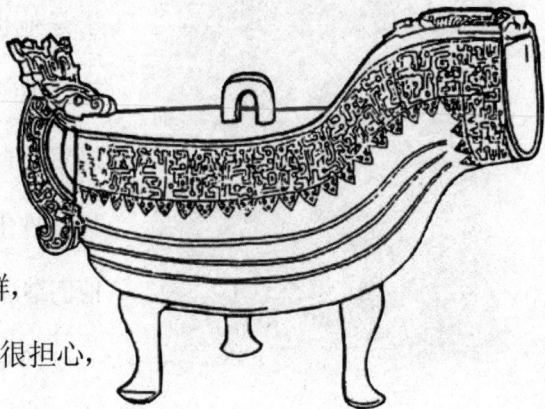

他说："管仲虽然没有发挥其智谋，但毕竟不是没有智谋的人；召忽虽然得不到国人的支持，但他的党羽还是足以加害我们的。"鲍叔牙坚持要小白回去，他说："国家一乱，智者也无法搞好内政，朋友也无法搞好团结，国家完全可以夺到手。"鲍叔牙又为小白仔细分析国内形势，然后向莒国借了兵车，命令立即驾车出发。鲍叔牙把小白拉上车后，亲自为他驾车向齐国疾驰。坐在车上的小白还是犹犹豫豫，他说："管仲和召忽两人是奉君令行事的，我还是不能冒险。"说着就要下车。鲍叔牙见小白要下车，非常着急，想拉住他，但两手忙于驾车，腾不出来。于是他也顾不了什么君臣礼节，用靴子挡住小白的脚说："事情如果能成功，就决定于此时；事情如果不能成功，就由我牺牲生命，您还可以保住性命。"于是他们继续前进。

而这时，鲁庄公知道齐国无君后，

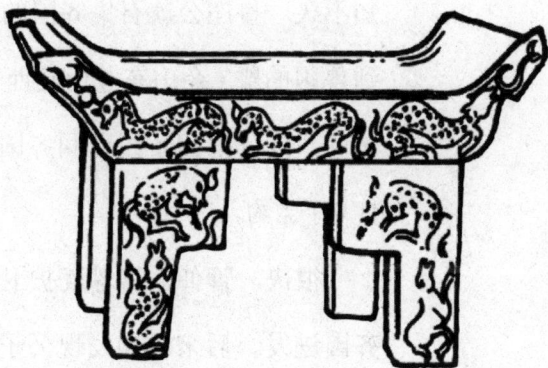

也万分焦急。鲁国在齐襄公之时，受尽了齐国的欺凌，鲁庄公早就想出这口气了。只是齐大鲁小、齐强鲁弱，鲁国奈何不了齐国，加之鲁庄公的母亲又是齐襄公的情人，当然不会让鲁国与齐国对立。而鲁庄公即位时，只有 12 岁，还是孩童，对政策当然不会有什么影响，掌握鲁国权力的是他的母亲和一干卿大夫。

这时，鲁庄公已是 20 岁的"初生牛犊"，自有一种不畏虎的刚烈个性。而鲁国的政权他也能够控制，不再受制于其母。所以，当齐国发生内乱之时，鲁庄公就积极干预，想把鲁女生的公子纠推上齐国君主的宝座。在雍林杀死公孙无知不久，鲁庄公就召集齐国的部分人大到鲁国的暨（今山东苍山县西北）紧急磋商，打算把公子纠送回齐国为君，还订立了盟约。

很快，管仲、召忽就护卫公子纠向齐国进发。后来他们发现公子小白已经先出发回国，就派管仲另率一支小分队，到莒国通往齐国的路上去截击。于是管仲亲率三十乘兵车，车上的武士，个个精明能干，当人马经过即墨三十余里时，正遇见公子小白的大队车马。管仲上前拜见小白，问："公子别来无恙，现在您要到哪里去？"小白说："要回齐国为父亲奔丧。"管仲说："公子纠是长子，按道理应该由他主持葬礼，公子您最好就在这儿停下来，先别回去了，免得人家说闲话。"鲍叔牙虽然跟管仲是好朋友，但当此社稷安危之际，为了自己

的主子，也不能再沉默了。他圆睁双眼，生气地说："管仲，你走你的路吧！各人有各人的事，你少操这份闲心！"管仲见莒国的将士这时都怒气冲冲，戒备森严，大有一触即发之势，他害怕寡不敌众，便诺诺连声地退了下来。刚退到一处小树林边，他便迅速弯弓搭箭，猛一转身，对准公子小白，"嗖"地一箭射去。只听小白大叫一声，口吐鲜血，一下子倒在车上。鲍叔牙和随从们一见这情景，慌忙围上来抢救，许多人吓得都哭了起来。管仲见状，急忙率领他的人马逃跑了。管仲跑了一阵，心里越想越得意。他想，公子小白已被射死，公子纠的君位已经稳拿到手了。他如释重负般地回到鲁国，向鲁庄公一一禀报。鲁庄公闻报大喜，立即设宴相庆。宫廷上下，一片狂欢景象。喜庆过后，管仲便同公子纠一起，在鲁国军队护卫下，从从容容地回齐国去了。

但是，管仲高兴得太早了。原来公

子小白并没有死。管仲那一箭，只射中了他的带钩。小白大惊之下，知道管仲箭法高明，怕他再射，急中生智，猛地咬破舌头，大叫一声，口吐鲜血，装死倒在车上。等管仲跑远了，他才睁开眼睛，松口气说："好险啊! 多亏天公助我，使我复得一命。"鲍叔牙担心管仲会再来，告诫小白不可麻痹轻敌，让他换了衣服乘车抄小路向齐国都城急驰。当管仲和公子纠兴高采烈地在路上走着时，公子小白已提前赶到都城临淄了。

一到达临淄，鲍叔牙便四处奔走活动，说服大臣们拥立小白为国君。有的大臣说："已派人到鲁国接公子纠去了，怎么可以再立别人？"也有的说："公子纠年长，按理应该立他。"鲍叔牙说："我们齐国连年发生内乱，人心浮动，民不聊生，只有立一位有贤德才能的国君，才能使国家安定，如果不立德才兼备的公子小白为国君，而立公子纠为国君，这正合了鲁国的心意，鲁国必会以恩人自居，对齐国发号施令，让我们臣服于他们。这怎么能行呢？目前我国正处在多难之时，而鲁国必会乘机勒索，这样我们怎能忍受得了？"大臣们听了，觉得鲍叔牙讲得很有道理。特别是齐国正卿高氏和国氏都同意立公子小白为国君，于是公子小白就进了城被拥立为齐国国君，他就是历史上有名的齐桓公。

鲍叔牙知道鲁国不会就此甘心，便派人去对鲁庄公说，齐国已经有了新国君，别再送公子纠回来了。这时鲁国护送公子纠的军队已经到达齐鲁边界，鲁庄公哪肯退兵？鲍叔牙见鲁国大军压境，便建议齐桓公发兵抵抗。他和齐桓公亲率齐军，出奇制胜，大败鲁军，并乘机夺了鲁国的大片土地。

鲁庄公吃了败仗，收拾残兵败将，慌忙逃回都城曲阜。正当狼狈不堪之际，

鲍叔牙又带领齐兵打上门来，要求鲁国杀死公子纠，交出管仲；否则，决不退兵。鲁庄公迫于无奈，只好一一答应了齐国的条件，派人杀了公子纠，捉住管仲。鲁国的谋士施伯见管仲生得相貌不凡，知他是位天下奇才，将来必能辅佐齐国，称雄天下，因此建议鲁庄公替管仲在齐君面前求情，将来管仲必会对鲁国感恩戴德而为鲁所用。鲁庄公怕齐君不许，不愿替管仲求情。施伯复又说："您如果认为管仲不可用的话，就干脆杀了他，把他的尸体送给齐国。"鲁庄公表示同意，而齐国的使者却急忙制止说："管仲曾射过我们国君，国君对他恨之入骨，

非亲手杀了他方能解恨。你们擅自杀了他，我们国君是不会答应的！"鲁庄公哪里还敢得罪齐国？忙让人把管仲绑上囚车，连同公子纠的首级一起交给齐国使者，让他们押送回齐国去。

管仲在囚车里边走边想："让我活着回去，这一定是鲍叔牙的主意。现在鲁君虽勉强同意把我交给齐使，可是谋士施伯不会同意的。万一他们反悔，派人追上来，我的命就难保了。"想到这里，他忽然心生一计，编了一首歌，教同行的兵士唱。大家边唱边赶路，忘记了疲劳，越走越带劲，三天的路程两天就赶完了，很快就离开了鲁国。等到鲁庄公真的后悔了，派人追赶时，已经追不上了。

管仲回到齐国，他的好友鲍叔牙亲自到城外来迎接他。管仲觉得自己既未能把公子纠扶上君位，又未能与之同死，为其尽忠，现在又让他服务于齐桓公，势必有损于名节。鲍叔牙开导他说："一

个成大事的人，是不计较那些小名节的。你有治理天下的才能，过去却未遇明主，没得到施展抱负的机会。现在齐桓公睿智英明，若能得到你的辅佐，治国安邦，必能成其大业，功盖天下。这不比你死守那所谓的'名节'重要得多吗？"一席话，说得管仲低头不语。

鲍叔牙说服了管仲，又急忙去见齐桓公。齐桓公此时正急需有才干的人来辅佐，因此就准备请鲍叔牙出来任齐相。鲍叔牙诚恳地对齐桓公说："臣是个平庸之辈，现在国君施惠于我，使我如此享受厚遇，那是国君的恩赐。您如果想把齐国治理富强，那么有我辅佐就可以了；如果您想称霸诸侯，那就非得管仲不可。"齐桓公惊讶地反问道："你不知道他是我的仇人吗？"鲍叔牙回答道："客观地说，管仲是天下奇才。他英明盖世，才能超众。"齐桓公又问鲍叔牙："管仲与你比较又

如何？"鲍叔牙沉静地指出自己在五个方面不如管仲：一是宽和为政施惠于民；二是掌握大权而不使之旁落；三是忠诚待人，团结群众；四是制定礼仪使天下效法；五是执掌军纪，提高战斗力。就是说无论理政治军，还是辖士管民及外交，他都不及管仲的才能。但桓公记恨那一箭之仇，有些犹豫。鲍叔牙进一步谏请齐桓公释掉旧怨，化仇为友，并指出当时管仲射国君，是因为公子纠命令他干的，现在如果赦免其罪而委以重任，他一定会像忠于公子纠一样为齐国效忠。齐桓公听了鲍叔牙的话，心里释然了。

在鲍叔牙的建议下，齐桓公同意选择吉日，以隆重的礼节，亲自去迎接管仲，以此来表示对管仲的重视和信任，同时也让天下人都知道齐桓公的贤达大度。

就这样，鲍叔牙分别做通了齐桓公和管仲的工作，于是齐桓公赦免了管仲射钩之罪，正式拜管仲为相。

二、治国之本在足民

（一）齐国的内忧外患

管仲踏上了齐国的政坛，开始了辅佐齐桓公创立霸业的新征程。但是霸业的创立并非一帆风顺，我们回到他处的时代，那时正是列国并峙、互相征战不休的时代。当时在黄河下游比较活跃的大国有齐、鲁、郑、宋、卫；小国有邢、遂、谭、纪、杞，大国又分两派，一派是郑、齐、鲁，一派是宋、卫。小国也附属在各个大国一边。两派的力量以郑、齐、鲁为强。

此时，边境的各族也都发展起来。北方的狄人开始南下，成为中原各国的严重威胁。西方的戎人也开始东进，戎国经常侵犯鲁国和曹国，北戎又侵犯郑国，山戎又进攻燕国，伊洛之戎又进攻周王室。而南方的蛮人也跃跃欲试，想要北上。边境民族内侵，与周王室的衰弱是分不开的。在春秋之初，周王还有些威信，自从鲁桓公五年（公元前707年）周郑繻葛之战，周桓王的肩被郑祝聃射中，王师大败后周王室就一蹶不振。齐襄公四年（公元前694年）周王室发生

内乱，庄王杀了周公。晋献公二年（公元前675年），周王室的芳国、边伯、詹父、子禽、祝跪等大夫叛乱，后经郑、虢出面调解才平息。周惠王为了报答郑、虢，将虎牢以东送给郑国，把酒泉送给虢国。于是王畿越来越小，威信也就越来越低。

面对如此混乱的社会状况，齐桓公一登上王位就迫不及待地召集管仲商谈国家大事。一次齐桓公召见管仲，首先把想了很久的问题摆了出来。"你认为现在的国家可以安定下来吗？"管仲通过一阶段的接触，深知齐桓公的政治抱负，但又没有互相谈论过，于是管仲就直截了当地说："如果您决心称霸诸侯，国家就可以安定富强；如果您要安于现状，国家就不能安定富强。"齐桓公听后说："我现在还不敢说这样的大话，等将来见机行事吧！"管仲为齐桓公的诚恳所感动，他急忙向齐桓公表示："君王免臣死

齐桓公

姜姓，名小白，春秋时齐国国君。
公元前685年——前643年在位，任管
仲为相，进行改革，国力富强，在"尊
王攘夷"旗帜下，北伐山戎，南抑强
楚，勘王子乱，救卫存邢，九合诸侯，
一匡天下，成为春秋五霸之首。

罪，这是我的万幸。臣能苟且偷生到今天，不为公子纠而死，就是为了富强国家社稷；如果不是这样，那臣就是贪生怕死，一心为升官发财了。"说完，管仲就想告退。齐桓公被管仲的肺腑之言感动，便极力挽留，并表示决心以霸业为己任，希望管仲为之出力。后来，齐桓公又问管仲："我想使国家富强、社稷安定，要从什么地方做起呢？"管仲回答说："必须先得民心。""怎样才能得民心呢？"齐桓公接着问。管仲回答说："要得民心，应当先从爱惜百姓做起；国君能够爱惜百姓，百姓就自然愿意为国家出力。""爱惜百姓就得先使百姓富足，百姓富足而后国家得到治理，那是不言而喻的道理。通常讲安定的国家常富，混乱的国家常贫，就是这个道理。"

齐桓公十分赞同管仲的思想，于是就把改革齐国的重任交给了管仲。商贾出身的管仲最善于理财，他既有商人的

审时度势、权衡轻重的灵活性，又有政
治家的注重大节、果敢刚毅的气魄，在
接受了齐桓公的如此大任后，管仲深感
任重道远，但是他坚信自己治国必先富
民的思想。他提倡"仓廪实而知礼节，衣
食足而知荣辱"，认为国家财力充足，远
方之人会自动归属齐国；开发荒地，种
植庄稼，有所收成，本国之民自然会安
心住下。管仲的这一治国道理，用今天
的话来说，就是人民的思想觉悟是由物
质条件决定的。要以这样一个指导思想
为原则，制定治国方针大计。

（二）管仲的经济改革

如何使人民富足呢？他说："凡有地牧民者，务在四时，守在仓廪。"就是说国君必须注重农业，储备粮食。只有"务五谷则食足，养桑麻、育六畜则民富"，发展农业才能丰衣足食。要发展农业，就只有提高农业生产者的积极性。要做到这一点，就只有实行有利于他们的改革。管仲就采取改革农业税制的办法来达到这一目的。

古时候，我国的土地是国有制，"溥

天之下，莫非王土。""同养公田，公事毕然后敢治私事。"实际上就是实行劳役税制，大家共同出力耕种公田。但到了春秋时期，由于生产工具的进步，掌握了铁质农具和牛耕技术，生产效率大大提高，集体劳动的必要性日渐减弱，以个体家庭为单位的生产积极性越来越高，私田面积逐渐增加，出现了"公田不治"，杂草丛生的现象。齐国的情况尤为严重，贵族侵吞国君的公田，掠夺农民的土地和国家的山川林泽的情况也十分严重。有些失去土地的农民进入城市，从事工商业，这些情况导致了国家财政收入的锐减。农业生产凋敝，国家贫穷，人民生活非常困苦。针对这种情形，管仲提出实行"相地而衰征"的新税制。"相地"是观测、评定土地，以区分土地的肥瘠、好坏；"衰征"

是依土地等级来征收赋税，可见"相地而衰征"是以取消公田和私田的划分为前提的。由于这种征税的办法比较合理，使农民的负担相对平均，因而能够起到安定农业人口的作用。

"相地而衰征"的过程大约分为三个步骤。

首先是相地，又称"相壤"、"正地"。也就是测量，就是说土地无论宽狭、大小，都要测量和分出等级的好坏，并将土地分成上等田地、中等田地和下等田地三等。山林川泽不能生产粮食的，依据它是否能生产树木，或者是否能捕捞鱼虾，从百亩折合一亩粮地到五亩折合一亩粮地不等。旱地八尺见水的，轻征十分之一。地势越高，减征越多。至四十尺见水的，减征一半。涝洼地五尺见水的，轻征十分之一。地势越洼，减征越多。一尺见水的洼地与水泽等同。各种土地的分类，都是折合成耕地面积，还依照自然地理状况，划分为渎田、丘陵、山地三类，并按地势、山泉及谷、木、草的出产分为二十五种地，又把上土、中土、下土各分为三十种。

其次是"均地分力"。"均地"是把公田分给各个农户去耕种，具体办法就是把公田和农民的私田一起拿出来平均分配。"分力"是指打破公田、私田的界限后，实行授田制（一般是每户一百亩，约合今天的三十一亩多一点）下一家一户小农经济的分散经营。这是继取消公田、私田划分办法以后出现的一种新的土地关系，主要在五鄙中推行。齐国的井田制因此发生了很大变化，即由有公田变为无公田。与之相应，公田时代的劳役地租也为非公田时代的实物地租所代替，"相地而衰征"的新税收制度也只有在这种情况下才能够真正实行。

实行"均地分力"后，农民耕种自己

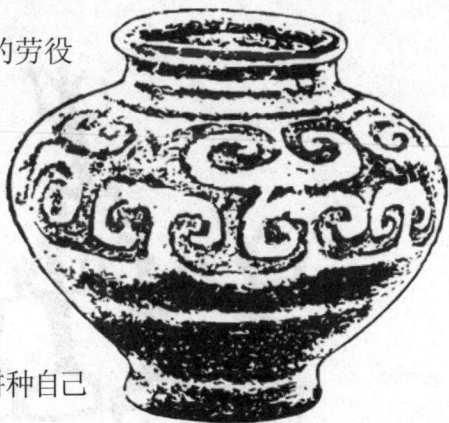

的份地，其劳动的勤惰直接影响其收获的多寡，因此，生产的积极性被大大激发。于是，"民乃知时日之早晏，日月之不足，饥寒之至于身也。是故夜寝早起，父子兄弟不忘其功，为而不倦，民不悼劳苦"。生产与切身利益联系起来了，当然就激发了生产的积极性，生产效率必然提高；生产产量增加，人民生活改善，国家收入也增多起来。可见，管仲提出"相地而衰征"的土地税收政策，使赋税负担趋于合理，提高了人民的生产积极性。

第三是"与之分货"。就是说，农民应知道自己应得部分和土地所有者的征

收部分，二者共同分配土地上的生产物，即实行地租分成制。实行地租分成制后，分租比例固定，多产多得，耕者就会为增加产量而尽力，就会起早贪黑，不辞劳苦。

由于农户分到的土地有好有坏，其收成也有多有少，因此为了使农民的负担平均一些，不同土地的纳税额也应有所不同，这自然就产生了"相地而衰征"的税收原则。

至于国家对采邑主和自耕农的税收额，则是按照田地多少来征收田税。农民以粮食来完税，每两年交一次。年成好时，交十分之三，中等年成交十分之二，下等年成交十分之一。若遇灾荒，则不交税。农民每年的负担一般是十分之一的税，这与西周时代相同。古代农民的土地税额并不太高，这并不是说他们的负担比较轻，因为当时农民的主要负担不只是税，还有沉重的赋役。

管仲除了为齐国建立了一套新的土地制度和税收制度，以保证农民安于土地并激发农民的生产积极性外，还以各种手段保障和促进农业生产的发展。他曾告诫齐桓公，不要因为滥用劳役而妨碍农时，耽误生产；不要强征牛羊，影响畜牧业的发展。管仲主张在搞好粮食生产的同时，也要发展农村的家庭纺织业和畜牧业。

显然，管仲这一改革对于实现富民以求治国的目的是有作用的。几百年后，战国的吕不韦作《吕氏春秋》一书，还对这一改革措施作了这样的评价："公作则迟，有所匿其力也；分地则速，无所匿迟。"另外，这个时期正处于我国历史大变革时期，奴隶制度已经解体，开始向封建制过渡，税制的这种变化也体现了劳动者身份的变化，压在他们身上的集体劳役负担解除了，获得了一定的相对自由。所以，这一改革是有重要历史意义的。

（三）大胆的内政改革

百姓富足了，这时齐桓公就提出"百姓已经富足安乐，兵甲不足又该怎么办呢？"管仲说："兵在精不在多，兵的战斗力要强，士气必须旺盛。士气旺盛，这样的军队还怕训练不好吗？"管仲具体分析了齐国的现状，确立了新的社会

编制。首先对齐国行政方面进行了一系列改革：划分和整顿行政区划和机构，把国都划分为六个工商乡和十五个土乡，共二十一个乡。土乡就是农乡，平时耕种农田，战时当兵，实行兵民合一。十五个土乡是齐国的主要兵源。齐桓公自己管理五个乡，上卿国子和高子各管五个乡。把国政分为三个部门，制订三官制度。官吏有三宰，手工业立三族，商业立三乡，川泽业立三虞，山林业立三衡。郊外三十家为一邑，每邑设一司官。十邑为一卒，每卒设一卒师。十卒为一乡，每乡设一乡师。三乡为一县，每县设一县师。十县为一属，每属设大夫。全国共有五属，设五大夫。每年年初，由五属大夫把属内情况向齐桓公汇报，督察其功过。于是全国形成统一的整体。

军队方面，管仲强调寓兵于农，规定国都中五家为一轨，每轨设一轨长。十轨为一里，每里设里有司。四里为一连，每连设一连长。十连为一乡，每乡设一乡良人，主管乡的军令。战时组成军队，每户出一人，一轨五人，五人为一伍，由轨长带领。一里五十人，五十人为一小戍，由里有司带领。一连二百人，二百人为一卒，由连长带领。一乡两千人，两千人为一旅，由乡良人带领。五乡一万人，立一元帅，一万人为一军，由五乡元帅率领。齐桓公、国子、高子三人就是元帅。这样把保甲制和军队组织紧密结合在一起，每年春秋以狩猎来训练军队，于是提高了军队的战斗力。同时又规定全国百姓不准随意迁徙。人们之间要团结居住，做到夜间作战，只要听到声音就辨别出是敌是我；白天作战，只要看见容貌，大家就能认识。这是一种社会与军事相结合的战斗体制，亦为后来大规模的作战作了准备。

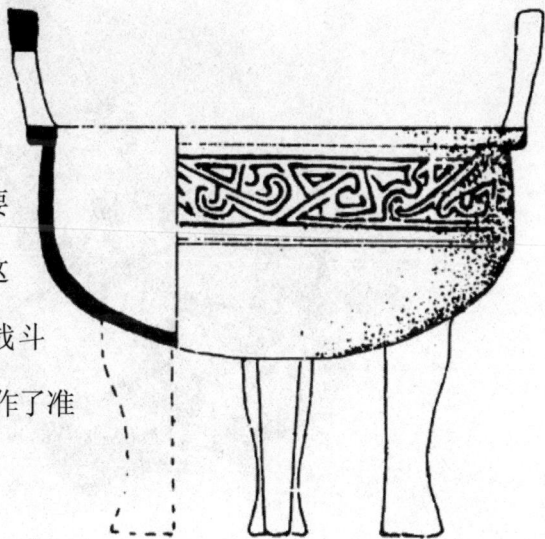

为了解决军队的武器，管仲制定了赎刑，就是人民如果犯罪可以用盔甲和武器来赎罪。犯重罪者，可用盔甲、武器、犀皮的胁驱和两只戟赎罪。犯轻罪者，可以用兵器架、盾牌、胸甲皮与两只戟赎罪。犯小罪者,可以用金属一均半；其他薄罪，缴纳一束箭，以示惩罚。然后用质量好的金属铸造武器，质量差的制作劳动工具。这样既可补充军队装备的不足，又可以为农民提供农具。

在对外交往中，管仲从大处着眼，

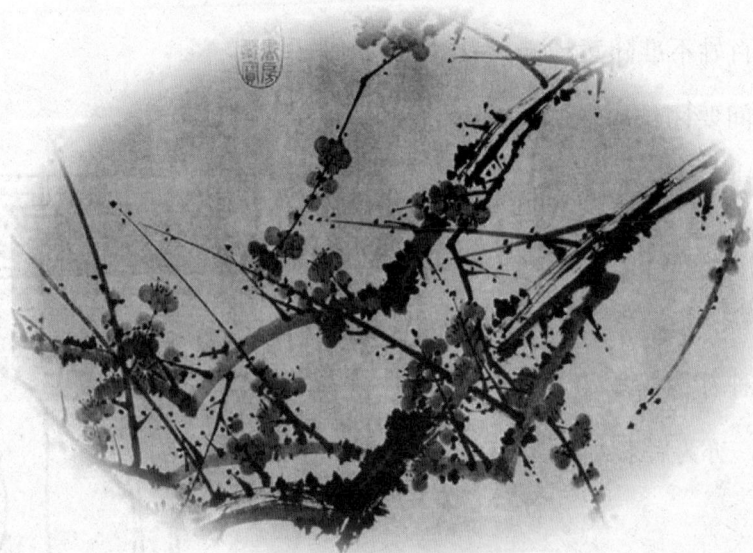

强调齐国的长远利益。他对齐桓公说:"君
若想称霸于天下,不如尊崇周室,亲善
邻国。审查我国的边境,归还侵占别国
的土地,多拿出皮币不断地聘问各国诸
侯,而不接受他们的财物,这样四邻之
国都会亲附于我国。同时派出游士八十
人,供给他们车马衣裘及财币,使之周
游四方,以收揽天下贤士。再派人带上
皮币玩好,卖与各国诸侯,以了解各国
上下的嗜好。选择国家混乱的先征伐,
这样就可以树立威严了,这样天下诸侯
也就会朝于齐国了。国君您再率领诸侯
拜周,使诸侯各尽职责。如此,王室地

位重新尊贵，诸侯的首领——方伯的美名您就是推辞不就，也是不行的。"

"大厦之成，非一木之材也；大海之润，非一流之归也。"因此，管仲还十分重视选拔人才，要求各乡都要推举贤士，不得"蔽明"、"蔽贤"。他还主张凡孝悌忠信、贤良俊才，不论什么地位，都要加以合理运用。他善于任用人才之所长，避其所短。齐桓公向管仲请教如何任命官吏，管仲说："升降揖让，以明礼待宾，我不如隰朋，请立为大司行；垦荒草，辟农田，尽地之利生产粟米，我不如宁戚，请立为大司田；战场上三军成阵，使士兵视死如归，我不如王子成父，请立为大司马；决狱公正，不杀无辜，不诬陷无罪之人，我不如弦高，请立为大司理；犯言直谏，不避死之，我不如鲍叔牙，请立为大谏之官。"管仲通过对每个人个性的分析，抓住人才各自的特点，并使之有机利用，相互配合补充，成为一个坚强有力的政治集团，这充分体现了管仲杰出的组织才能。

管仲采取的一系列政治、经济、军事等措施，使齐国由一个分封在海滨的百里小国，成为春秋时期举足轻重的大国，展示了管仲治国安邦的雄才大略。

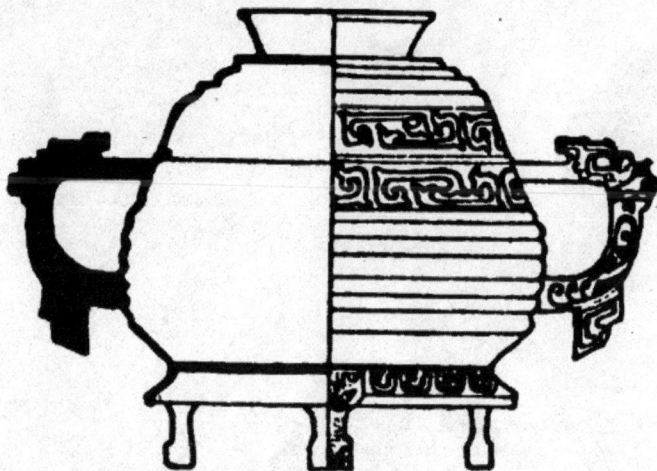

三、本末并重
以富民

（一）重农抑商的国家

面对逐渐强大起来的国家，齐桓公又向管仲提出了新的问题："士兵训练好了，财力不足，又怎么办呢？"管仲回答说："要开发山林，开发盐业、铁业，发展渔业，以此增加财源。发展商业，取天下物产，互相交易，从中收税。这样财力自然就增多了，军队的开支不就可以解决了吗？"

我国传统上是一个以农业为主的

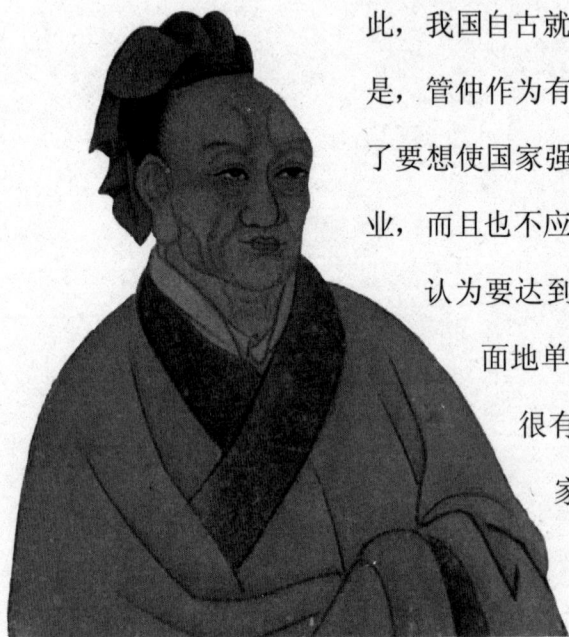

国家，周工朝是以农业起家的部落，因此，我国自古就有重农抑商的传统。但是，管仲作为有远见的思想家，他看到了要想使国家强大，不仅要积极改革农业，而且也不应该抑制商业的发展。他认为要达到富民以求治的目的，片面地单纯发展农业生产当然是很有限的。后来著名的史学家司马迁就说过："用贫求富，农不如工，工不如商，刺绣文不如倚市门。"管仲不愧为有卓见、有胆识的改革家，他早就看到了这点，在经济改革当中，实行"本末并重"的方针。所谓"本"是指农业，从来尊为根本；"末"是指工商业，从来都被轻视。而管仲独具慧眼，看到发展工商业是强国富民最有利的途径。齐桓公曾和他讨论这个问题，说："吾欲征税于房屋，如何？"管仲说："那会阻碍百姓建房的积极性。"桓公说："吾欲征税于树木，如何？"管仲说："那会影响树木的生长和木材资源。"桓公又说："吾欲征税于六畜，如何？"管仲说："将影响六畜的繁殖，不利于农副业发展。"桓公再问："吾欲征人头税，何如？"管仲回答："会影响人口生育。"最后，桓公见一个个办法都被否定了，便说："那么我还有什么办法可以使国家富强呢？"管仲说："唯官山海为可耳！"只有国家经营、开发自然资源才是可行的办法。既可以增加国家收入，又可以满足人民生活的实际需要，不会像征税那样导致人民的不满。齐国地据沂山、鲁山，濒临渤海，林木、矿藏和渔盐资源丰富，如果国家统一经营这些资源，加以合理开发利用，确是极有利的生财之道。对此，管仲以一个理财家独有的精明头脑，算了一笔笔细账。以盐为例，一个成年男子每月食盐五升少半（古齐升一升容量合今 197.6 毫升，可盛盐 0.173 市斤），

成年女子三升少半，儿童二升少半，每百升盐值钱一釜（百钱）。如果每升盐价加半合，一釜就可得五十合，如果一升加一合，一釜就是一百，一钟（当时齐国计量单位，合六斛四斗）就是二千，十钟就是两万。推算起来，一个大国，百钟可以收入二千万钱，国家不必征收人丁户口税，就可以得到加倍的收入。再以铁为例，女人要用针、用刀，农民要用锄头、铁锨，木匠要用斧、锯、凿、锥，每天都离不开铁器，如果十根针加一分，三十根针就相当于一个女人的税额；一把刀加六分，五把刀就相当于一个人的

税额。这样做，人人都会自愿交纳，不像征税那样会引起人民的反对，这才是百利而无一害的好办法。所以，管仲提出"蓴（音转，相等之意）本肇末"的主张，就是在发展农业的基础上，发展工商业，本末要同等看重。

（二）发展商业的措施

为实现这一主张，他实行如下具体办法：

1. 国家统一经营并管理主要经济事业，大兴山林、渔、盐之利。管仲设盐铁官，由国家专管盐铁的生产与经销。他鼓励民间煮盐，每年十月，国家开始征收，然后销向国内外，仅出口一项一年获利达黄金一万一千余斤。铁的开采则采取官商合作形式，按开采量提取利率，商民得七成，国家得三成。这样商民有积极性，生产自然发展，国家又能获利，官商两便。同时将森林和水产业收归国家经营，一方面增加了国家收入，另一方面也不使少数商人获得巨利，也安定了民心，有利于农民安心务农。

2. 大力发展商业，繁荣国内外贸易。管仲认为"无市则民乏"，发展商品经济才能使人民富裕。所以他鼓励经商，放手让百姓将各种农副产品"鬻（音育，卖的意思）之四方"、还实行渔盐出口不征

税的政策来刺激商业的发展。为了使商业繁荣而又不乱，管仲实行了国家统一管理的办法，规定货币由国家铸造发行，物价由国家统一制定，使物价随货币的多少而上下，保持市场稳定和繁荣。

管仲认为边关是引进外国货物的重要门户，因此特别重视边关的管理。为了防止官吏滥征关税，他曾严肃、郑重地通告各处关卡：空车往来的不要索取关税，徒步背负商品到市场上进行买卖的小商贩不要征税，使远方的商旅来我们国家做生意。

为了吸引各国的商人到齐国经商，管仲除了采取低关税政策外，还在生活给养上给外商以优惠。据《管子》一书记载，齐桓公曾问管仲怎样才能召来外商，管仲建议说："请您下令为诸侯国来的商人修建客舍。对来一乘车的外商免费供给伙食，对来三乘车的外商再加供给马的饲料，对来五乘车的外商除了享有上述优待外，还派给服侍人员。"当时齐国每三十里设置一个驿站，驿站中储有食物，以招待各诸侯国来的使节和商人。为了吸引外商，管仲真是不择手段。据说他甚至设置女闾（妓院）二百，以安行商。由于齐国采取了以上种种优惠政策以招徕商人，所以各国的商人纷纷到齐国经商。《管子》称当时"天下之商贾

归齐若流水"。

3. 提高农产品价格,解决农工商收益不平衡的矛盾。工商业特别是商业的发展远比农业获利大,这就出现了收益不平衡的矛盾,影响农业的稳定发展。齐桓公和管仲商议如何解决这个问题,桓公想压低、限制富商大贾(音古,即商人)的收益而让利于农民,问管仲有什么办法。管仲说:"请重粟之价釜三百。"就是提高粮食价格,每釜(当时齐国的计量单位)三百钱。他说这样一来,粮食值钱了,农民积极性就大了起来,耕地面积就会扩大。这一政策使农

民的收入增加，解决了务农与经营工商业之间经济地位不平等的问题，在保证工商业发展的同时不致给农业造成不良影响。

管仲还实行了粮食"准平"的政策，即"民有余则轻之，故人君敛之以轻；民不足则重之，故人君散之以重，凡轻重敛散之以时，则准平……故大贾富家不得豪夺吾民矣"。（《汉书·食货志》下）这种"准平"制，不但是一种平衡粮价的政策，并且，也间接承认了农民自由买卖粮食的权利及自由私田的合法性，并且还保障了私田农的生产利润。这种经济政策，亦为经济层面的国君集权。

4. 发展"国际"贸易，收天下之财。国内农工商各业都得到发展，管仲并不满足，他还通过对外贸易来收聚天下财富，用经济手段控制别国。齐国资源丰富，尤其出产的盐铁是别国没有的。他组织生产大量的盐，囤积起来，等到盐价上涨的时候，卖到梁国、赵国、宋国、卫国去，赚得大量黄金。他见滕国、鲁国的粮食便宜，每釜才价值百钱，便抬高齐国的粮价，每釜千钱，于是滕国、鲁国的粮食便大量流入齐国。然后，在别

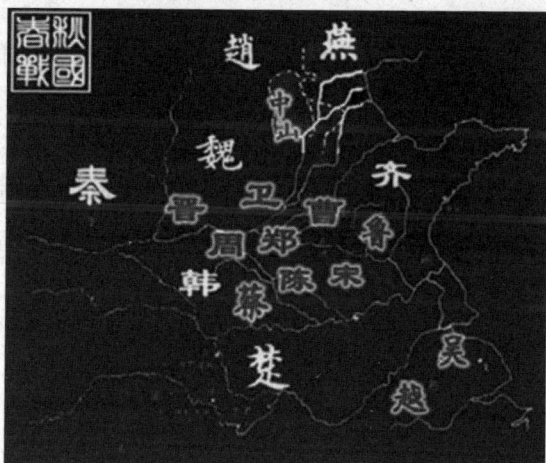

国缺粮时，再以高价将收购的粮食卖出，又赚回更多的黄金。

他不但通过通商贸易获取财富，还通过通商贸易控制和降服邻国。莱国和莒国生产木材，桓公问管仲有什么办法对付他们，管仲说："你派人铸金币，高价收买他们的木材"。莱国国君听说了，非常高兴，对左右说："金币是人人都看重的，木材是我国独有的特产，用我国的特产全部换取齐国的金币，就可以吞并齐国了。"于是把农田都改种树木。而管仲则派人专门负责管理农事。两年之后，齐国不再收买莱、莒的木材，莱、莒的米价涨到三百七十钱，而齐国米价仅十钱。于是，莱、莒的百姓纷纷降服齐国。二十八个月之后，莱国和莒国就被齐国吞并了。

5. 强调社会分工，培养

专业化人才。为使农工商各业都能稳定发展，管仲把社会成员按职业划分成士、农、工、商四类，并规定住在各自的居住区，"勿使杂处"，要求给不同的职业创造方便条件。同时，规定"工之子恒为工"，"农之子恒为农"，从小就在专业化环境里进行专业学习，既有利于收到显著的学习效果，早出人才，又可以避免见异思迁，保持专业思想的稳定。这对于各项事业的进步是有一定积极作用的。

管仲一系列富有成效的经济改革收到了"通货积财，富国强兵"的效果，齐国一跃而成为春秋时的经济大国。

四、攘除戎狄救贫弱

（一）击败山戎救燕国

管仲在齐国为相，桓公对他言听计从，十分优待。经过几年的努力，改革深入开展并取得了十分显著的效果，齐国出现了民足国富、社会安定的繁荣局面。齐桓公对管仲说："现在咱们国富民强，可以会盟诸侯了吧？"管仲谏阻道："当今诸侯，强于齐者甚众，南有荆楚，西有秦晋，然而他们自逞其雄，不知尊

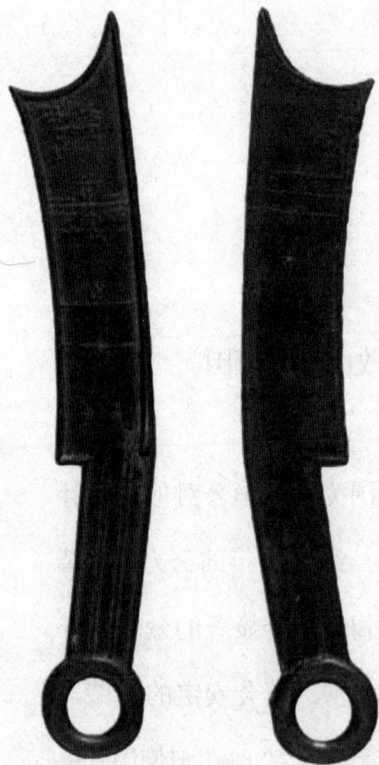

奉周王，所以不能称霸。周王室虽已衰微，但仍是天下共主。东迁以来，诸侯不去朝拜，不知君父。您要是以尊王攘夷相号召，海内诸侯必然望风归附。"管仲说的"尊王攘夷"，就是尊重周朝王室，承认周天子的共同领袖的地位；"攘夷"，即对游牧于长城外的戎、狄和对侵扰中原诸侯的南方楚国进行抵御。春秋时期，边境的少数民族也发展起来。山戎是中国北方的少数民族，屡次南犯，成为中原各国的严重威胁。周惠王十四年（公元前664年），山戎趁机统兵万骑，攻打燕国，想阻止燕国通齐，燕国君主亲率两万将士出战，却在一个叫鬼泣谷的地方中了山戎部落令支国首领密卢的埋伏，只逃出千余人。接着，山戎连拔三城，燕国急派使者向齐国求援。齐桓公为了集中力量对付南方楚国，本来不想支援燕国。但管仲认为，当时为患一方的，南有楚国，北有山戎，西有狄，都是中

原诸国的祸患。国君要想征伐楚国，必须先进攻山戎，北方安定，才能专心去征伐南方。如今燕国被侵犯，又求救于我国，举兵率先伐夷，必能得到各国的拥戴。齐桓公深以为然，遂举兵救燕。

于是，齐桓公统率五万大军开向燕国。山戎闻齐师大队人马将至，掳掠大量财物解围而去。齐军与燕军合兵一处，与此同时，无终国的国君也派遣大将虎儿斑率两千士兵助战，三路大军北出蓟门关追击，杀得山戎兵落荒而逃。出乎意料的是，管仲派出的先锋部队在山林中遭到山戎的伏击，幸亏后续部队及时赶到将山戎军杀散，才避免受到更大损失。管仲根据实际情况，及时改变策略，在伏龙山上下安营扎寨，用战车连接成车城，士卒居于车城之中，山戎轮番进攻，仍无法突破。

山戎攻坚不力，就故技重演，他们在齐军营寨前留下部分军队，这些士卒下马卧地，口中谩骂，进行挑战，目的是挑动齐军出战，引至山林，便伏兵攻击。管仲识破了他们的用心，将计就计，兵分三路出击，中路迎击阵前敌兵，左右两

路相互接应，专门对付伏兵。山戎兵见齐军中路杀来，以为中计，故意起马而逃。齐军却不追，鸣金归营。山戎原来部署被打乱，伏兵只好出谷追击，这时齐军左右两路夹击伏兵，杀得山戎大败而逃。

山戎败归令支，齐军兼程而进，追击山戎。山戎兵退居黄台山，用木石堵塞谷口，重兵把守，又在谷外挖掘坑堑，使齐军无法通过。管仲询问燕将，有无别径可通，燕将说向西南绕黄台山而行，由芝麻岭抄出青山口，再向东行数里，就是令支巢穴。但山高路险，车马不便行动。管仲令燕将带路，引一支军队向芝麻岭进发，以六日为期。一面派将每日往黄台山挑战，吸引戎兵，使之不疑，如此六日，戎兵并不接战。管仲计算时日，西路军应已达目的地，就命士卒各背一袋土，先派人驾驶空车在前面探路，遇见坑堑，用土袋填满。随后大军直抵谷口，恰巧西路军队也杀到，两路夹击，击溃了这支山戎军队。

管仲等率领军队乘胜追击，攻击另一支山戎军队。被管仲封为先锋的无终国将军虎儿斑，一连收复了燕国失去的那三座城。杀到一个叫里岗的地方时，却不敢前进了。他对齐桓公和管仲说："前面是鬼泣谷。如果山戎布下埋伏，我们就是插翅也休想过去。燕国两万大军就

是葬身在那里的！"管仲在路上早就想出了过鬼泣谷的计谋，他对虎儿斑说："将军既然有所顾虑，那你就跟在大军的最后吧。"管仲说着，拿出令牌："王子成父、赵川二将！你俩去前军按令牌所指行事，作好准备，明日清晨过鬼泣谷！"

王子成父和赵川接令牌驾车而去。

第二天天刚亮，一辆辆战车向鬼泣谷驶去。只见马的嘴是被网笼住的；战车的轮子上绑有麻皮，发出的声音很小；战车上站着的将士则披甲握戈，显得格外高大；齐国的战旗在谷风的吹动下发出"哗啦哗啦"的响声。

这时，山戎令支国首领密卢举着"令"字小黄旗，出现在鬼泣谷的山头上，见齐军进入了他的伏击圈，就一挥小黄旗，喊声："打！"猛然间，箭、石、木齐下，有的击中齐军将士，有的把战车砸得稀

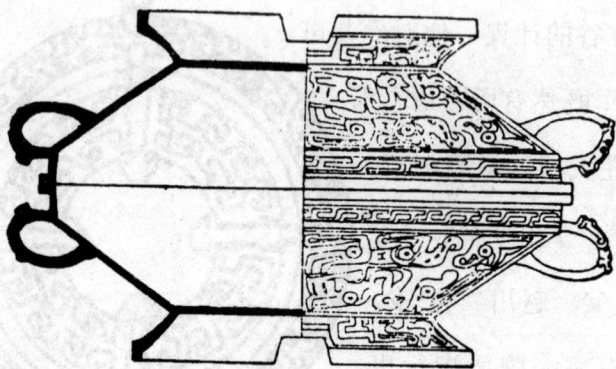

巴烂，有的把"齐"字大旗打断了。

密卢挥动狼牙棒，率兵从山上冲将下来。密卢冲到一个身中数箭仍立于战车上岿然不动的齐将前，举起狼牙棒对准齐将的头部狠击一棒。"咚"的一声把齐将的头盔打掉了。定睛一看，原来被打掉头盔的竟是披着衣甲的树桩。密卢知道中计，大惊失色。

此刻，鼓声大作。密卢闻声回头，只见齐国骁将王子成父和赵川率兵直扑过来。密卢大喝一声，挥舞着狼牙棒迎上去。他见远处有一个身材高大的人站在战车上，在观看两军作战，断定是齐国相国管仲，就径直朝那人扑去。所扑之处，齐兵无人抵挡得住。片刻，密卢已杀到管仲面前。说时迟，那时快，战车后数十枚箭齐发。密卢惨叫倒地。他手下一员大将冲进重围，把负伤的密卢抢了回去，往山戎的另一部落孤竹国（今河北西北部）逃去。

齐军一鼓作气，兵围孤竹国，孤竹国派人诈降齐军，献上山戎首领首级，谎称孤竹国国君已弃国逃往沙漠。齐桓

公以降将为前部，率军追赶。孤竹国元帅请先行探路，结果将齐军诱入荒漠，自己则乘人不备偷偷溜走了。此时天色已晚，放眼望去只见茫茫一片平沙，狂风卷地，寒气逼人，齐军前后队失去了联系。齐桓公有些不知所措，忙向管仲求教解危之计。管仲沉吟片刻，遂让随行兵士敲锣打鼓，使各队闻声来集，屯扎一处，挨至天明。谁知，天虽已亮，沙漠中却炎热异常，又无饮水，一望无际的沙漠难辨方向，全军将士焦急万分。管仲见状，忙向齐桓公建议道："臣听说老马识途，燕马多从漠北而来，也许熟悉此地，大王不妨令人挑选数匹老马放行，或许可以

寻见出路。"齐桓公依其言，命人取数匹老马，放之先行，军队紧随其后，果然走出险地。

孤竹国国君见齐燕大军被诱入沙漠，便举兵攻进无棣城，赶走了守城的燕兵，躲避在山谷中的百姓也随着回城。管仲见此情形，灵机一动，计上心来。他命令将士数人扮作百姓混入城中，半夜举火为应。然后，又分三路攻打无棣城的东南西三门，只留下北门让敌军逃跑，

教王子成父和隰朋率一队兵马埋伏在北门之外。当天夜里，忽见城中四五处火起，齐军内应砍开城门，放大军兵马入城。孤竹国国君见势不妙，率众夺路而逃，直奔北门。谁知一行人刚刚冲出北门，路旁突然伏兵四起，截住了孤竹国君臣等数人。两军厮杀，孤竹国国君死于乱军之中。齐桓公灭了令支、孤竹，辟地五百里，悉数赔给了燕庄公。诸侯莫不畏齐之威，感齐之德。在远征山戎的过程中，尽管山戎诡计多端，管仲则能以其人之道还治其人之身，总是比山戎技高一筹，取得了全面的胜利。

齐桓公赶跑山戎之后，让燕庄公恢复召公（燕国的始祖，周文王之子）时的政治，并向周王室纳贡，尽臣子的礼节。燕庄公对齐桓公很是感激，亲自送齐桓公出国境。两人一路交谈，不知不觉竟出了燕国的边境，到了齐国境内。齐桓公知道后，就问熟知礼节的管仲："诸侯相送，可以出国境吗？"管仲回答："不是天子，就不能送出国境。"桓公说："这恐怕是燕君害怕我，所以明知送出了国境是失礼，也不肯告诉我，我不能让燕君失礼。"于是把燕君送到的地方都割给燕国。中原诸侯听说此事后，都对齐桓公的仁义非常敬佩，甘愿归附于齐国。

（二）一个也不能抛弃

在救燕时，鲁国也表示出兵支援，但实际上鲁国按兵未动。对此齐桓公很气愤，想出兵惩罚鲁国。管仲不同意这样做，他劝说齐桓公："鲁国是齐国的近邻，不能为了一点小事就出兵，影响不好。为了齐国的声誉，我们可主动改善两国关系。这次救燕胜利，得到一些中原没有的战利品，不如送给鲁国一些，陈列在周公庙里。"齐桓公听了觉得很有道理，就赞成了这个意见。这样做对鲁国上下震动很大，其他各国反映也很好。

周平王东迁后，北狄肆意纵横，闻齐国把山戎打败，恐齐国生轻视之心，

将要伐狄，于是北狄先
发制人，于公元前
661年，领兵包围邢
国（今河北邢台）。作
为已经强大起来的齐国，
作为有称霸诸侯愿望的齐
桓公当然不能置之不理。
管仲也很关心这个问题，他
向齐桓公说："戎狄性情十分残
暴，贪得无厌。诸夏各国都是亲
戚，彼此关心，一国有难，大
家都应该伸出手来互相帮助，
不能袖手旁观。满足现状是
危险的，出兵救邢才是上
策。"齐桓公很欣赏管仲的想法，
采纳管仲"请救邢"的建议，派兵救邢国，
打退了毁邢都城的狄兵，邢国很快得救。

不久，狄人大举出兵攻击卫国，卫
懿公被杀，卫国灭亡。狄人又追赶卫国
百姓到黄河沿岸。宋国出兵救出卫国百

姓七百三十人。加上共、滕两邑的居民一共五千人，就在曹邑（今河南滑县）立卫戴公为国君。刚刚恢复的卫国，处境十分困难，齐桓公、管仲派了公子无亏带着五百乘车马和三千名甲士来武装卫国，戍守曹邑。又给卫君带来乘马祭服，还给卫君夫人带来车乘和锦帛，此外还有牛羊猪狗鸡等三百余只。齐桓公率诸侯国替卫国在楚丘另建新都，又帮助修建宫殿。

晋献公十八年（公元前659年），邢国还未恢复元气，狄人又来第二次洗劫。狄人攻邢，形势十分严重。管仲献策说："狄兵刚刚开战，邢国力量未竭。此时与北狄交战，事倍功半。不如等待时机，邢国势不能支，必然溃败，狄兵虽胜邢国，必然疲敝。驱赶疲劳之师援助溃败的邢国，此所谓力省而功多啊！"桓公用其谋，托言等候鲁、邾兵到，屯兵聂地，观望狄邢攻守。两月有余，邢国军队溃围而出，投奔齐营，齐桓公拔寨起兵，并和管仲商议联合宋、曹救邢，狄兵抵抗不住，望北飞驰而去。当齐、宋、曹军队到达时，邢国百姓如见亲人，纷纷投奔，狄人被打退。邢国又被狄人洗劫一空，于是齐桓公和管仲同宋、曹两国，帮助邢国把都城迁到夷仪（今聊城西南），这里靠近齐国，较为安全，使破乱的邢国得到安定。

邢、卫两国都遭狄人洗劫，在齐桓公、管仲的主持下，得以复国。当时人们都赞赏地说：邢国人迁进新都城，好像回到了老家；恢复后的卫国，人们心情高兴，也忘记了亡国的悲痛。

五、尊崇周室 会诸侯

（一）尊王攘夷的旗帜

齐桓公执政以来，在管仲的辅佐下，经过了内政、经济、军事等多方面改革，齐国出现了民足国富、社会安定的繁荣局面，有了雄厚的物质基础和军事实力。管仲倡导并践行"尊王攘夷"，就是尊重周朝王室，承认周天子的共同领袖的地位；联合各诸侯国，共同抵御戎、狄等部族对中原的侵扰。攘夷于外，必须尊王，

尊王成为当时一面正义旗帜。齐桓公适时打出了"尊王攘夷"的旗帜，以诸侯长的身份，挟天子以讨伐不服从的诸侯国。

管仲建议齐桓公遣使朝周，请天子旨意，大会诸侯，奉天子以会诸侯，内尊王室，外攘四夷。对于诸侯各国，扶持衰弱小国，压制强横之国，混乱不听从号令者，统率诸侯讨伐之。海内诸侯，都知道齐国的无私，必共同朝于齐国。这样不动兵车，霸业就可成就了。

公元前684年，齐桓公以周王之命布告诸国，约定三月一日，共会于北杏（今山东东阿县境）。管仲献策："此番赴会，君奉王命，以临诸侯，根本不用兵车。"到期，宋、陈、邾、蔡四国国君到会，见齐国未用兵车，相顾叹道："齐桓公诚挚待人以至于此！"各自将本国兵车退驻二十里之外。五国诸侯相见礼毕，订立盟约，济弱扶倾，以匡周王室，推齐侯为盟主。

管仲提出："鲁、卫、郑、曹，故意违背王命，不来赴会，不可不讨。请诸君共同出兵。"陈、蔡、邾三君齐声答应，独宋桓公不语，夜里率众而去。齐桓公大怒，欲使人追之。管仲劝阻道："只是齐国派兵马追赶不合道理，应该请天子王师共同伐之。而且现在有更迫切的事要办。宋远鲁近，如先征服鲁国，宋国自然服从。"

齐桓公依计亲率王师伐鲁。管仲献计道："鲁国的附庸遂国，国小而弱，若用重兵攻打，一朝可下。鲁国听说必然害怕，我们派一介之使至鲁，责备鲁君

不来赴会。同时和鲁夫人通信，鲁夫人（文姜是齐桓公之姊）自然想使儿子与娘家关系亲密，定会极力怂恿。鲁侯迫于母亲的命令，又惧怕来自国外的兵力威胁，一定会乞求会盟。等他前来求和，我们就答应他。"齐桓公发兵至遂国，一鼓而下，然后驻兵济水，鲁庄公畏惧，鲁夫人令其子约请会盟，鲁庄公只好向齐国修和请盟。齐桓公以汶水为界，把侵占的土地归还鲁国。诸侯听说两国会盟之事，都称赞桓公的信义。卫、曹两国也谢罪请盟。接着，齐桓公又兵临宋国，派宁戚说服宋君会盟。后来郑国内乱，齐桓公协助郑伯突复国，郑伯突感激齐侯之德，也朝拜于齐国。至此，齐桓公

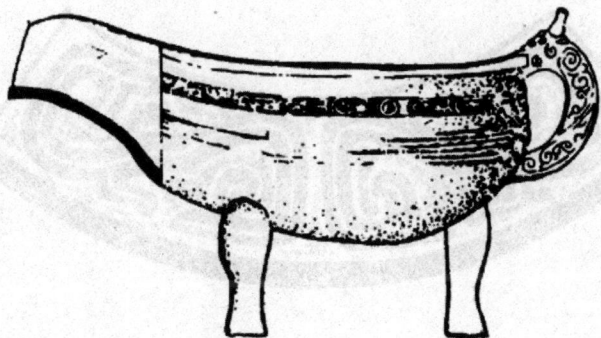

威望布于天下，德名远播诸侯之中。

（二）齐鲁两国的恩怨

其实，齐国和鲁国的恩怨由来已久了。齐桓公二年（公元前684年），齐桓公借报收纳公子纠之仇，出兵伐鲁。当时鲁国刚被齐国打败不久，元气尚未恢复，齐兵压境，举国上下一片恐慌。恰巧鲁国曹刿出来为鲁庄公出谋献计，在长勺（今山东莱芜东北）把齐国打败。

鲁国胜利后又去侵犯宋国。齐国为了报复长勺之败，又勾结宋国来攻打鲁国。由于鲁庄公采纳大夫公子偃的建

议，在秉丘（今山东巨野西南）打败宋军。宋军一败，齐军自然也就撤走。次年，宋国为了昭雪秉丘之耻，又兴兵攻鲁，鲁庄公发兵抵抗，趁宋兵还没站住阵脚就发动猛攻，结果宋国被打得惨败。宋国连吃败仗，国内又发生内乱。大夫南宫长万杀了新立的郑闵公，不久宋贵族又杀了南宫父子。宋国的内乱，鲁国的战败，使他们的力量大为削弱。

谭国（今山东济南东）是齐国西邻的小国。齐桓公出奔时曾经过这里，当时谭国君对齐桓公很不礼貌，齐桓公继位，谭国也没派遣使臣祝贺。按照春秋的礼法，像谭国这样失礼，遭到谴责是自然的。齐桓公对此极为不满，因此管仲建议出兵问罪。谭国本来很小，力量十分微弱，怎能经受齐国大兵的进攻，结果很快就被齐国消灭。齐国没费力气消灭了谭国，扩大了国土。

不久，齐国与鲁国和好，在柯（今山东东阿西南）会盟。这次会盟很隆重，会场布置庄严。修筑高坛，两边大旗招展，甲兵和侍卫列在左右，十分威武。齐桓公和管仲正襟危坐在坛上。就在这次会盟中，发生了著名的曹沫劫盟事件。会盟规定，只许鲁君一人登坛，其余随员在坛下等候。当鲁庄公与卫士曹沫来到会场，将要升阶入坛时，会盟的宾相告诉他，不准曹沫升坛。曹沫戴着头盔披着坚甲，手提短剑紧跟鲁庄公身后，对着宾相瞪大圆眼，怒目而视，眼角几乎都要瞪裂了，吓得宾相后退几步，鲁庄公与曹沫就顺着台阶登坛。鲁庄公与齐桓公经过谈判，然后准备歃血为盟，正

在这时，曹沫突然拔剑而起，左手抓住齐桓公的衣袖，右手持短剑直逼齐桓公。顿时齐桓公左右被吓得目瞪口呆。此时管仲沉着勇敢，急忙插进齐桓公与曹沫中间，用身体保护住齐桓公，然后问："将军要干什么？"曹沫正声说道："齐强鲁弱，大国侵略鲁国，欺人太甚。现在鲁国城破墙毁，几乎快要压到齐国。请考虑怎么办？"齐桓公见形势不妙，马上答应归还占领的鲁国土地。盟约草创完成，双方签订完毕，曹沫收剑徐步回位，平息如初，谈笑如故。会盟结束，鲁国君臣胜利回国。齐桓公君臣却闷闷不乐，许多人都想毁约，齐桓公也有这种想法。管仲不同意毁约，劝说齐桓公："毁约不

行，贪图眼前小利，求得一时痛快，后果是失信于诸侯，失信于天下。权衡利害，不如守约，归还占领的鲁国国土为好。"管仲认为，懂得给予是为了有所获取，这是治理政事的法宝。

（三）抓住时机会诸侯

齐桓公听取了管仲的意见。不久宋国叛齐，次年齐桓公邀请陈、曹出兵伐宋，又向周王室请求派兵伐宋。周王室派大臣单伯带领王师，与三国军队共同伐宋，结果宋国屈服了。

这时，鲁、宋、陈、蔡、卫都先后屈服齐国，谭、遂两国早已消灭，只有郑国还在内乱。管仲因此建议齐桓公出面调解郑国内乱，以此来提高齐国的地位，加速实现做霸主的目的。郑国自厉公回国杀了子仪，又杀了恩人甫瑕，逼死大夫原繁，登位称君后，为巩固君位，就要联合齐国。

管仲抓住这一时机，建议齐桓公联合宋、卫、郑三国，又邀请周王室参加，于齐桓公六年（公元前680年）在鄄（今山东鄄城）会盟。这次会盟很成功，取得圆满成果。从此齐桓公成为公认的霸主。

齐桓公听从管仲之议，第二年，即公元前679年春天，大会宋、鲁、陈、卫、郑、许诸国于鄄地（今山东鄄城），歃血为盟，始定盟主之号，天下莫不归心于齐。

周天子赐齐侯为方伯，之后齐桓公与诸侯又两次在幽地结盟，进一步扩大和巩固了他的霸业。

晋献公十年（公元前667年）冬，齐桓公见郑国已屈服于齐国，就召集鲁、宋、陈、卫、郑、许、滑、滕等国君，又在宋国的幽会盟。周惠王也派召伯参加。这是一次空前盛会，几乎全部中原国家都参加了这次会盟。在这次盟会上，周天子的代表召伯又以天子的名义，向齐桓公授予方伯的头衔，修姜太公之职，得以专事征伐。这标志着齐桓公在事实上已成为诸侯之长，开始登上了霸主地

位，从此齐桓公便成了名副其实的霸主。
晋献公十五年（公元前662年）鲁国发生
内乱，鲁庄公死后，鲁闵公即位，不久
被庆父杀死，鲁僖公即位，庆父畏罪自杀。
僖公为了巩固君位，与齐国会盟于落姑，
从此鲁国也安定下来。至此，齐桓公威
望布于天下，德名远播诸侯。进一步扩
大和巩固了他的霸业。

公元前693年，齐国吞并了纪国。
然而由于种种原因，直到公元前664年，
纪国的附庸彰国依然独立存在。齐桓公
企图兼并彰国，向管仲询问并彰之策。

管仲考虑到，齐桓公新得诸侯，霸权初建，为了巩固霸主地位，进一步赢得人心，不宜"以兵威得志"，而应积"存亡兴灭之德"。于是回答说："鄣虽小国，其先乃太公之支孙，为齐同姓。灭同姓，非义也。君可命王子成父率大军巡视纪域，示以欲伐之状。鄣必畏而来降。如此无灭亲之名，而有得地之实矣！"齐桓公依计派大军压向纪域，大有吞掉鄣国之势，威慑对方，鄣君果然畏惧求降，使齐国不战而达到预期目的。齐桓公眼见一举成功，十分满意，称赞管仲说："仲父之谋，万不失一。"

齐桓公实行的"尊王攘夷"政策，使其霸业更加合法合理，同时也保护了中原经济和文化的发展，为中华文明的存续做出了巨大贡献。

六、霸名扬齐 楚过招

（一）南方楚国的威胁

对中原诸国构成严重威胁的，还有一个被中原诸国以夷狄视之，其文化却与中原诸国非常接近，甚至超过某些中原国家的南方大国楚国。公元前666年，楚国大将子元亲自率领六百乘战车浩浩荡荡向郑国都城猛扑过去，很快就攻破了郑国的第一道防线。初战得胜，楚军士气高涨，子元的勇气也倍增，于是一

鼓作气攻到郭内，正要进攻内城时，子元却令楚军停止进攻。原来，这时郑国的城门不但高高悬挂着，而且从里面出来的郑兵都说着楚语。楚国的将领勇于攻坚，却在这高高悬起来的城门、优哉游哉说着楚语的郑兵面前犹豫起来，竟不知如何是好。正当满腹狐疑的子元犹豫不决之时，楚国的探子报告说以齐国为首的齐、宋、鲁联军已经火速赶来。有勇无谋的子元只得下令楚军立即撤退，但又怕郑国乘机追杀，所以把撤退的时间定在了夜晚。楚国这次的伐郑就这样虎头蛇尾结束了。

　　实际上，郑国在楚军的猛攻之下早已支撑不住了，才想出了这种迷惑敌人的鬼把戏。楚国这次攻打郑国虽然没有得到任何便宜，其显露出来的实力却令以齐国为首的中原诸侯国大为震惊。北方戎狄虽然屡犯中原，而且其所到之处烧杀抢掠，破坏性很大，然而戎狄的南侵不但没有给齐桓公的霸业构成任何威胁，反而促使中原诸国团结到齐国"攘夷"的旗帜之下。但是，楚国北上就不同了。楚国每攻伐一国，要么灭之以为县邑，要么使其臣服于楚，因而楚国像滚雪球似的越滚越大。楚国的胃口绝对不同于抢点东西就逃的北方夷狄，它是要与齐国争夺中原的控制权，换句话说，它要与齐国争当中原的霸主。因此，虽然楚人并不乱烧滥杀，对齐国的霸业却构成了严重的威胁。

　　就实力而言，楚国比齐国也弱不了多少；就发展空间而言，已濒临东海的

齐国绝对比不上有东南广袤富饶之地的楚国；就其文化而言，楚国虽然为"蛮夷"，但其文化并不低于中原诸国。因此，齐国要想保住自己的霸主地位，除了大力发展经济，加强军备，扩充实力之外，就是要利用中原诸国把楚国视为"蛮夷"而不予认同的心理，并通过"攘夷"政策的强化，使中原诸国牢牢地团结在自己周围。

但是，当管仲协助齐桓公做了这些工作后，齐国仍然不能对楚国的一举一动无动于衷。所以在楚伐郑之后，已明显感觉到楚国强大压力的齐桓公在伐山

戎回齐的第二年就召集诸侯开会，商讨怎样对付楚人的北上。

楚国在公元前666年秋伐郑受挫后，就致力于巩固后方，没有再北上征郑。但是，争取郑国的归附是楚国北上与中原诸国争霸的重要步骤，因此，楚国绝不会轻易就此罢手。楚成王亲政后，首先想到的就是北上伐郑。公元前659年，楚国仍然以郑国背楚即齐为借口兴兵伐郑。齐国当然不能坐视郑国被楚国攻击，于是齐桓公立即召集鲁僖公、宋桓公、郑文公、曹昭公在宋国会盟，商量救郑之事。楚国见无机可乘，只好退了回去。

第二年冬，楚国再次北上伐郑，活捉了郑国的大夫聃伯，也不算是无功而返。针对楚国的连续侵扰，齐桓公又召集宋国等国之君在齐国的阳谷（今山东东北须昌镇西北）会盟，准备对楚国进行反击。事后，齐国还让没有参加会盟的鲁国国君派人到齐国补签了盟约。

殊不知，中原诸国的军队还没有派出，楚国的伐郑之师再度北上了。在楚国的连年侵犯之下，郑国感到承受不住了，郑文公打算与楚国修好。郑国的大夫孔叔认为齐国正为郑国的事而奔波，如果在这时背叛齐国是不吉祥的，郑文公这才放弃了与楚国修好的打算。楚国的军事征伐仍然没有使郑国就范，反而劳师伤财，又退了回去。

到此为止，齐、楚两国虽然在郑国问题上斗得非常激烈，但一直没有正面接触。如果不能在战场上分个高下，谁也不会轻易罢手，战争的危机迫在眉睫。

（二）齐率领八国伐楚

正在此时，诱发齐、楚正面交战的一根导火线点燃了。

齐桓公有一个妻子蔡姬，就是蔡穆侯的妹妹。有一天齐桓公与蔡姬在园囿中划船游玩，蔡姬是在淮河流域长大的，经常与水和船打交道，而桓公却有点惧水。蔡姬年轻好玩，在划船时故意把船摇来晃去，齐桓公感到害怕，让她停下来，但蔡姬见齐桓公一脸狼狈相，更觉好玩，反而把船荡得更凶了。齐桓公多次命令她停住，蔡姬仍不加理会，齐桓公一怒之下，就把蔡姬赶回了蔡国。

齐桓公虽然把蔡姬赶回娘家，却没有休她的意思。蔡穆侯误以为齐桓公把他的妹妹休了，恼怒异常。为了对齐桓公"休"蔡姬一事进行报复，蔡穆侯又把蔡姬嫁给了楚成王，这意味着蔡国又重新投到了楚国的怀抱。

齐桓公见蔡穆侯竟敢把蔡姬嫁给中原各诸侯国的死对头楚国，怒不可遏，立即要对楚国用兵。管仲知道怎么劝说也没有用，但若对蔡国用兵，别国必然会认为齐桓公为一己之私欲而讨伐同盟

之国，自己好不容易为齐桓公树立起来的仁义形象马上就会垮掉，从而导致中原诸国在信念上的危机，搞不好，又会回到以前那种一盘散沙的局面，这就大大帮了楚国的忙了。经过一番认真的分析，管仲反复权衡利弊得失，最后他决定把齐桓公报复蔡国的军事行动变成一次与楚国正面较量的战争。管仲向来是反对以武力解决问题的，但事已至此，不得不冒这个险了。

公元前656年正月，齐桓公和管仲约鲁、宋、陈、卫、郑、许、曹等国组成联军南下，讨伐蔡国。将士竖貂接受

蔡国国君的贿赂，私自将军事机密泄露给蔡君，蔡君大吃一惊，向楚国逃去，并向楚成王详细阐述了管仲的计谋。楚成王立即传令检阅兵车，准备迎战。与此同时，又急忙撤回深入郑国的兵力。此时，齐桓公已经带兵到达了上蔡，其他七国的诸侯也陆续赶到了。八个诸侯国的精锐尖兵，浩浩荡荡望南而进，直达楚国边界。

楚成王派大夫屈完恭候界上，管仲料定有人泄露了消息。对方既然派遣来使，管仲临机而决，于是放弃了原来的计划，决定和楚国使者谈判。屈完见到管仲便开门见山地问道："齐国和楚国各自治理本国的内政，你们住在北海，我们住在南海，相隔千里，简直风马牛不相及，任何事情都应该不相干涉。这次你们到我们这里来，不知是为了什么？"管仲在齐桓公身旁，听了之后义正词严

地回答道："从前召康公奉了周王的命令，曾对我们的祖先姜太公说过，无论是五等侯还是九级伯，如果有任何不守法的情况存在，你们都可以去征讨。向东到大海，往西到大河，向南到穆陵，往北到无棣，都在你们征讨范围内。自从周王室东迁，各国诸侯越加放肆，对周天子越来越不恭敬了，现在我们国君桓公被封为方伯，是名副其实的盟主，于情于理都应该修复先业。楚国地处南荆，应当每年向周王室进贡包茅，以帮助天子完成祭祀。而现在，你们却不向周王进贡用于祭祀用的包茅，公然违反王礼，这次征讨正是为了这件事。不仅如此，你们也太过分了，当年昭王南征，至今未回，这事也不是与你们无关，你们无论如何也没办法推卸责任。我们现在兴师来到这里，正是为了问罪你们。"管仲的回答真是冠冕堂皇，似乎齐国真的是在替周王室兴师问罪，好像齐国真是在履行"挟辅王室"的职责。管仲的话还隐藏着更深刻的含义：假如楚国不承认其"包茅不贡"是有错的，那表明它并不承认周王室的权威，这就等于楚国不承认其是周王朝大家庭的一员，不与中原的华夏族同类，只是南方的"蛮夷"之国。如果这样，楚国就是中原诸国同仇敌忾所要"攘"的"夷"。这显然是想要争霸中原的楚国所不能接受的。而如果楚国承认其"包茅不贡"是有错的，也就等于承认自己是周王朝大家庭的一员，而且是有罪的一员。由于齐国有替王室征讨有罪的五等诸侯、九州之长的权力，这就等于承认齐国向楚国兴师问罪是应该的。而且齐国是可以代周天子行使征伐之权的霸主，楚国既然是周王

朝大家族的一员，也就应该承认齐国的"霸主"地位。

屈完也许没有想到那么多，但他受命而来，有一点是非常清楚的，那就是尽量避免与诸侯联军开战。然而，要楚国承担"周昭王南征而不复"的罪行也是不行的。所以他权衡一番，只能避重就轻，暂时解决眼前的危机再说。他对管仲说："周王室已经衰微很久了，朝纲混乱，而各家诸侯越来越强大，朝贡废缺，天下都是这样，岂止是楚国？"接着他话锋一转，继续说道："虽然如此，多年没有进贡包茅，确实是我们的过错。至于昭王南征未回发生在汉水，你们还是去汉水边打听好了。就算是发生在我们的国家内，也不是我们的过错造成的，而是由于他所乘的舟不牢固的缘故，我们国君不敢随便引咎请罪。这些我会回复给我们国君的。"说完回车而退。

管仲见楚使屈完的态度不软不硬，仅靠谈判还不能解决问题，要使其屈服还必须依靠相应的军事手段，于是就命令八国大军直至陉山（今河南郾城南），在陉山驻扎下来。诸侯都不明白管仲的深意，急忙赶来问："我们的大军已经长途跋涉来到楚国边境，为什么不渡过汉水和他决一死战而逗留在这呢？"管仲说："楚国既然已经派遣使臣来我们这谈判，必然是有所准备了，兵锋一交，胜负难以预料。如今我们驻扎在此，遥观其势，楚国惧怕我们人多势众，定会遣使求和。此次征战，我们以讨蔡之名而出，以降服楚国而归，达到了我们的目的，这次征伐难道还不可以结束吗？"诸侯

都不能相信，议论纷纷。

（三）南北两军的相持

南北两军相持，从春季到夏季，已经半年。楚国大臣对楚成王说："管仲通晓军事，没有万全之策决不会发兵。现在他率领八国之军，陈兵在我们的疆界，逗留不进，其中一定有什么谋划。我们不可轻举妄动，不如派遣使者再次前往，和他休战讲和。"于是楚国又派屈完和齐桓公、管仲谈判。屈完到达齐国军营，面见齐桓公，说明来意，"我们国君已经知道了不贡之罪。您若肯退避一舍，我们国君怎敢不唯命是从呢？"齐桓公和管仲本就无意打仗，只是想通过这次军事行动来显示霸主的威风，吓唬楚国罢了。齐桓公答应讲和，很快就达成了协议，将军队后撤三十里到召陵（今河南偃县）。楚王命屈完用八车金帛犒劳八路诸侯的

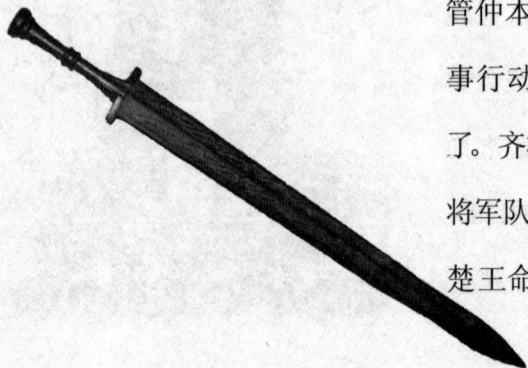

军队，表示求和的诚意。还准备了一车包茅，向周天子进贡。

当时齐国的兵力有八百乘，号称千乘。宋国和鲁国都是大国，兵力与齐国也在伯仲之间。郑国也是当时的强国之一，兵力比宋、鲁弱不了多少。卫国本来也比较强，但自狄灭卫后，卫国的主要兵力是齐国给予的五百乘战车和五千名甲士。陈、许、曹三国国力较弱，但若以上诸国各出一半兵力，那么伐楚的诸侯联军当在一千五百乘以上。即使齐国出一半兵力，而其他诸国各以三分之一兵力出征，那么诸侯联军合计也有一千多乘。楚国的兵力大约与齐国相当，即使全部出动，也远远少于诸侯联军。

因此，当屈完来到诸侯联军中谈判时，齐桓公把诸侯的伐楚大军陈列起来，然后请屈完同乘一辆车去"检阅"这支庞大的队伍，想以此来威吓楚人。齐桓公在车上对屈完说："诸侯归服，并

非附我，而是看在先君的面上。你们也与我友好吧，怎么样？"屈完回答说："承蒙您的恩惠及于敝邑之社稷，宽容地接纳敝国之君，这正是我们的愿望。"齐桓公得意地指着诸侯的军队对屈完说："指挥这样的军队去打仗，什么样的敌人能抵抗得了呢？指挥这样的军队去夹攻城寨，有什么样的城寨攻克不下呢？"屈完很沉静地回答："国君，你若用德来安抚天下诸侯，谁敢不服从呢？如果只凭武力，那么我们楚国可以把方城山当城，把汉水当池，城这么高，池这么深，你的兵再多，恐怕也无济于事。"回答得委婉有力。屈完的一席话让齐桓公和管仲都不禁从心底为之赞叹。

齐桓公知道不能以武力迫使楚国屈服，就同意与楚国结盟，楚国也表示愿加入齐桓公为首的联盟，听从齐国指挥，这就是召陵之盟。伐楚之役，抑制了楚国北侵，保护了中原诸国。召陵之盟不能看成是齐国压服了楚国，而应看成是以齐国为首的北方集团（也可称为中原华夏集团）压服了以楚国为首的南方集团。

管仲于是下令班师，途中鲍叔牙问管仲："楚军之罪，僭号为大。你却以包茅为辞问罪，我不明白。"管仲笑了，"楚国僭号已三世之久，倘若责备其僭越，楚国岂肯俯首听命于我啊？如果楚国不服，势必交兵，一旦开战，彼此报复，后患将数年不解，南北从此争斗不宁了。"

这次战争之初，八国军队如潮水般地向蔡国涌去，楚王起初并没有觉察出管仲的用意，说明管仲提出的"以讨蔡之名，行伐楚之实"的方略确实达到了蒙蔽楚国的目的。而消息泄露后，管仲根据不同的情况，灵活地变换策略，终于达到了讨楚的目的。这样南北军事对峙就体面地结束了，南北出现来之不易

的和平局面。

（四）齐楚对郑的争夺

然而，不幸的是，在召陵之盟之后的一年，北方集团就出现了分裂的苗头。

公元前655年夏天，齐桓公召集鲁僖公、宋桓公、卫文公、郑文公等，与太子郑在卫国的首止（今河南睢县东南）开会，要诸侯都支持太子郑即位。首止之会巩固了太子郑的地位，周惠王再不敢有易储的念头。周惠王却由此而非常憎恨齐桓公，想组成一个以楚、郑、晋、周为轴心的新阵线来与齐国抗衡。这年秋天，上述各国诸侯在首止结盟，周惠王派王卿周公宰孔怂恿郑文公说："我支持你背叛齐国投靠楚国，并让晋国也支持你。有楚、晋做后盾，也不怕齐国了。"当时晋国还没有归服齐国，也不甘心听命于人，所以对齐国有所戒惧。而郑国历来就与齐国貌合神离，加之楚国连年对其用兵，虽然齐国每次都出兵援助，但总不能及时赶到。因此郑国难以依靠齐国，还不如与楚修好，免得受其侵扰。郑文公虽然承认齐国的霸主地位，却没有像其他诸侯一样去朝见齐桓公，正怕齐桓公因此而对郑国进行惩罚，所以在周惠王的怂恿之下，就决定背齐靠楚，在举行结盟仪式前逃回郑国。

郑国背齐逃盟，与楚修好，当然为齐所不容。公元前654年正月，齐桓公联络宋桓公、鲁僖公、卫文公等一道出兵伐郑，包围了郑国的新密。

楚国极力争取郑国，而齐国对郑国也抓得很紧，绝不会轻易放手。对郑国的争夺就是齐、楚最直接的较量。郑文公逃盟，齐国率诸侯联军伐郑。但由于楚国以伐许救郑，诸侯救许而归，不但郑国的背叛没有得到惩罚，反而使许国投靠了楚国，齐国组织的这次伐郑实际

上是失败了。齐国当然不会甘心，又在第二年（公元前 653 年）春以讨伐申侯为幌子出兵伐郑。这年夏天，郑文公杀掉申侯来向齐国交代。同年秋，齐桓公召集鲁僖公、宋桓公和陈、郑两国的太子在齐国的宁母（今山东金乡东南）为郑国的重新归服举行盟会。在盟会开始前，管仲为齐桓公制定了一个安抚诸侯的原则，他说："以礼对待曾背叛过的诸侯，以德柔怀边远的方国，只要德礼不废替，就没有人不来归服。"齐桓公于是修礼于诸侯。在西周时，各封国诸侯要定期向周王室贡献，所贡之物，主要是封地的地方特产，如楚国贡包茅之类。后来周王室衰微，诸侯也就没有按规定进贡方物。为了"尊王"，齐桓公又以霸主的身份重新规定了各国诸侯应该向王室进贡方物的种类和数量。

在盟会开始

前，代表郑文公出席盟会的郑国太子华以郑国归服于齐为条件请齐桓公帮他除掉政敌。齐桓公正准备答应太子华的请求，管仲连忙制止他说："您靠礼和信来使诸侯归服，但到后来又破坏它，这恐怕不行吧？儿子和父亲不相互扰乱叫做礼，遵守诺言叫做信，违背礼与信，没有比这更大的奸诈了。"齐桓公被说服，拒绝了郑太子华的请求。

虽然郑文公没有参加宁母的结盟，但郑文公因为感激齐桓公拒绝太子华分裂郑国的阴谋，便于同年冬天亲自到齐国去与齐桓公结盟。从此郑国才完全归服于齐，齐、楚两国对郑的争夺以齐国的胜利而画上了一个句号。

（五）谦逊有礼成霸主

公元前 653 年底，周惠王带着对未易王储的深深遗憾和对齐国干涉王室内政的满腔仇恨离开了这个早不由他做主的人世间，把一个支离破碎的烂摊子留给了他的后继者。公元前 652 年，在齐桓公的支持下太子郑即位，这就是周襄王。周襄王即位后，命宰孔赐齐桓公文武胙（祭祀用的肉）、彤弓矢、大路（古代的一种车），以表彰其功。齐桓公召集各路诸侯大会于葵丘（今河南兰考、民权县境），举行受赐典礼。受赐典礼上，宰孔请周襄王之命，因齐桓公年老德高，不必下拜受赐。齐桓公想听从王命，管仲从旁进言道："周王虽然谦让，臣子却不可不敬。"齐桓公于是答道："天威不违颜咫尺，小白敢贪王命，而废臣职吗？"说罢，只见齐桓公疾走下阶，再拜稽首，然后登堂受胙。众诸侯见此，皆叹服齐君之有礼。齐桓公又重申盟好，订立了新盟，这就是历史上有名的"葵丘之盟"也是齐桓公霸业的顶峰。

至此，经过近三十年的苦心经营，齐桓公在管仲的辅佐下，先后主持了三次武装会盟，六次和平会盟；还辅助王室一次，史称"九合诸侯，一匡天下"，齐桓公成为公认的霸主。管仲虽然为齐桓公创立霸业立下了不朽的功勋，但他谦虚谨慎。周襄王郑五年（公元前647年），周襄王的弟弟叔带勾结戎人进攻京城，王室内乱，十分危急。齐桓公派管仲帮助襄王平息内乱。管仲完成得很好，获得周王赞赏。周襄王为了表示尊重霸主的臣下，准备用上卿礼仪设宴为管仲庆功，但管仲没有接受。最后他接受了下卿礼仪的待遇。

七、临终嘱托
有远见

（一）齐相病榻的嘱托

周襄王七年（公元前 645 年），为齐桓公创立霸业呕心沥血的管仲患了重病，齐桓公去探望他，询问说："您的病相当重了。如果您病情危急，不幸与世长辞，我将把国家托付给谁呢？"管仲回答说："过去我尽心竭力，尚且不足以了解这样的人。如今病重，危在旦夕，又怎么能谈论这件事呢？"齐桓公说："这是大事

啊，望您能教导我。"管仲恭敬地答应了，说："您想用谁为相？"齐桓公说："鲍叔牙行吗？"管仲回答说："不行。我深知鲍叔牙。鲍叔牙的为人，清白廉正，看待不如自己的人，不屑与之为伍，偶一闻知别人的过失，便终生不忘。"然后他向齐桓公推荐了不耻下问、居家不忘公事的隰朋。管仲说："我认为给人恩德叫做仁，给人财物叫做良。用做好事来压服人，人们也不会心服；用做好事来熏陶人，人们就不会不心服。治国有有所不管的政务，治家有有所不知的家事，这只有隰朋能做到。而且隰朋的为人，既能记识上世贤人而效法他们，又能不耻下问。自愧其德不如黄帝，又怜惜不如自己的人。在家不忘公事，在公不忘私事；事君没有二心，也不忘其自身。他曾用齐国的钱，救济过五十多户难民，而受惠者却不知是他。称得上大仁的，难道不是隰朋吗？他对于别人的过失无关大节的，就装作没看见。这样的人是能够胜任辅佐国君治理天下的大人。"

接着，管仲又对齐桓公的几个大臣进行分析说："宾胥无为人好善，但不能为国家牺牲其善；宁戚为人能干，但不能适可而止；曹叔宿为人能说，但不能

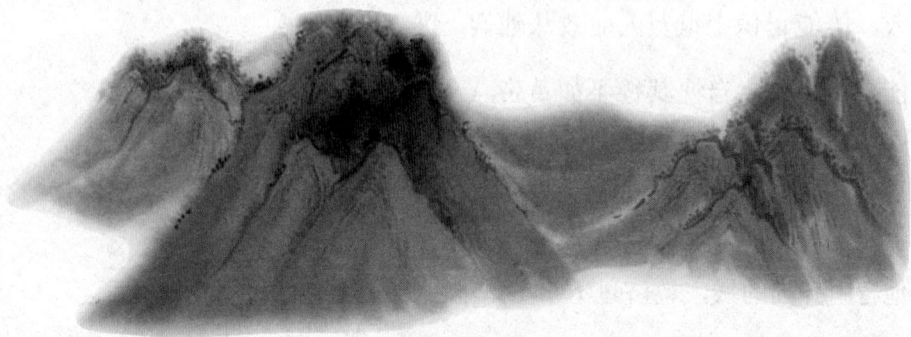

取信后就及时沉默。据我所知，按照消长盈亏的形势，与百姓共屈伸，然后能使国家安宁长久的,还是隰朋。隰朋为人，行动一定估计力量，举事一定考虑能力。"说到这里，管仲深深地叹了口气说："上天生下隰朋，本是为我作舌的，现在我身子都死了，舌还能独活吗？"

　　管仲知道齐桓公贪图享受，亲近小人。于是他还特别提醒齐桓公，千万不可任用易牙、竖貂和卫公子开方。齐桓公问："那为什么啊？"管仲说："易牙为了满足国君的要求不惜烹了自己的儿子以讨好国君，没有人性，不宜为相。"齐桓公又问："那开方如何？"管仲答道："卫公子开方舍弃了做千乘之国太子的机会，屈居齐国侍奉国君十五年，父亲去世都不回去奔丧，如此无情无义，没有父子情谊的人，如何能真心忠于国君？况且千乘之封地是人梦寐以求的，他放弃千乘之封地，俯就于国君，他心中所求的必定过于千乘之封。国君应疏远这种人，更不能任其为相了。"齐桓公又问："易牙、开方都不行，那么竖貂怎样？他宁愿自残身肢来侍奉寡人，这样的人难道还会对我不忠吗？"管仲摇摇头，说："不爱惜自己的身体，是违反人情的，这样的人又怎么能真心忠于您呢？请国君务必疏远这三个人，宠信他们，国家必乱。"管仲说罢，见齐桓公面露难色，便向他推荐了为人忠厚、不耻下问、居家不忘公事的隰朋，说隰朋可以帮助国君管理国政。遗憾的是，齐桓公并没有听进

管仲的话。

易牙听说齐桓公与管仲的这段对话，便去挑拨鲍叔牙，说管仲阻止齐桓公任命鲍叔牙。鲍叔牙笑道："管仲荐隰朋，说明他一心为社稷宗庙考虑，不存私心偏爱友人。现在我做司寇，驱逐佞臣，正合我意。如果让我当政，哪里还会有你们容身之处？"易牙讨了个没趣，深觉管仲交友之密，知人之深，于是灰溜溜地走了。

（二）管仲的身后之事

不久管仲病逝。正如管仲所料，在他这个"身子"去世后十个月，隰朋这个"舌"也去世了。齐桓公先是接受了管仲的劝谏，把易牙、竖貂、卫公子开方三个佞臣赶出宫廷，但不久就感到少了这几个人吃也吃不好，玩也玩不好，生活很不愉快，心想"仲父未免对这几个人有成见"，于是又把这三个人召了回来。

齐桓公不听管仲病榻前的忠言，重用了易牙等三人，结果酿成了一场大悲剧。两年后，齐桓公病重。易牙、竖貂见齐桓公已不久于人世，就开始堵塞宫门，假传君命，不许任何人进去。有两个宫女乘人不备，越墙入宫，探望齐桓公；桓公正饿得发慌，索取食物。宫女便把易牙、竖貂作乱，堵塞宫门，无法供应饮食的情况告诉了齐桓公。桓公仰天长叹，懊悔地说："如死者有知，我有什么面目去见仲父？"说罢，用衣袖遮住脸，活活饿死了。桓公死后，宫中大乱，齐桓公的几个公子为争夺王位各自勾结其党羽，互相残杀，致使齐桓公的尸体停放在床上六七十天也无人收殓，尸体腐烂生蛆，惨不忍睹。第二年三月，宋襄公率领诸侯兵送太子昭回国，齐人又杀了作乱的公子无亏，立太子昭为君，即齐孝公。经过这场内乱，齐国的霸业开

始衰落。中原霸业逐渐移到了晋国。

管仲的一生，不仅建立了彪炳史册的功勋，还给后世留下了一部以他名字命名的巨著——《管子》。书中记录了他的治国思想，对后世影响深远。"粮仓充实就知道礼节；衣食饱暖就懂得荣辱；君王的享用有一定制度，六亲就紧紧依附；礼、义、廉、耻的伦理不大加宣扬，国家就会灭亡。颁布政令就好像流水的源头，要能顺乎民心"。所以他的政令浅显而易于推行，"一般人所向往的，就因势而给予；一般人所不赞成的，就顺应而革除"。

他任相期间，为了富国强兵，在齐国实行改革，重视发展经济，整顿法治，扩大军力，重用人才，他凭借齐国濒临大海的地理条件，流通货物，积累财富，富国强兵，与普通人同好同恶，采取了一系列顺应民心的措施，为齐国称霸奠定了坚实的物质基础。

他辅佐齐桓公成就霸业，不但正确地制定了"尊王攘夷"的总战略，使齐国数十年的政治军事行动依据这一战略，逐步建立和巩固了霸主地位，而且在具体实施过程中，也能因势利导，灵活多变地使用各种战术，有效地克敌制胜，体现了管仲高深的谋略和惊人的智慧。齐桓公实行了"尊王攘夷"的政策，使其霸业更加合法合理，同时也保护了中原经济和文化的发展，为中华文明的存续做出了巨大贡献。

管仲是位思想家，他主张法治。全

国上下无论身份贵贱地位高低都要守法，赏罚功过都要依法办事。他认为国家治理得好与坏，根本在于能否以法治国。管仲思想中有不少可贵的地方，如他主张尊重民意，他说："顺民心为本"、"政之兴，在顺民心；政之所废，在逆民心"。管仲的思想对后代影响很大。当然，管仲是春秋时代的历史人物，所以他也有历史局限。如为齐桓公创立霸业而加重了人民的负担，在改革中主要是代表统治阶级利益等。虽然这样，管仲仍不失为一位大政治家、思想家。

我国伟大的思想家孔子曾称赞管仲："微管仲，吾其被发左衽矣。"（《论语·宪问篇》）意思是：管仲辅助齐桓公做诸侯霸主，一匡天下。要是没有管仲，我们都会披散头发，左开衣襟，成为蛮人统治下的老百姓了。这是对管仲历史功绩的至高评价。